信用組合のルーツをたどる

落合 功

すいれん舎

第1章　信用組合の精神

　金融について、大学でこんな話をする。

「経済を体にたとえると、血液はお金である。心臓は日本銀行で、銀行は臓器である。銀行は円滑に血液が流れるのを助ける役割がある。血液は増え過ぎてもいけないし、不足してもいけない。適度な血液が円滑に循環することが肝要だ」。

　信用組合に置き換えると、どのようになるだろうか。体は、地域・業域・職域社会の組合員と信用組合をとりまく業界組織全体、血液がお金で、臓器は各信用組合となるだろう。この役割における信用組合と他の金融機関との違いはなんだろうか？　規模が違うだけなのだろうか？

　決定的な違いは、信用組合はその精神に、相互扶助を宿していることである。他の金融機関は利益を目指さなければいけない。もちろん、信用組合も損失は望ましくないだろう。そう。一般の金融機関は利益（営利）を目的としているのに対し、信用組合は相互扶助を目的としているということだ。やっていることは似ていても看板の内容が違うと言うことである。相互扶助のない信用組合は抜け殻に違いない。それでは、そもそも相互扶助とはなになのか……。はじめに、その話から進めよう。

クロポトキンの相互扶助論

相互扶助について、事典を調べると「互いに助け合うこと」という説明とともに「クロポトキンの相互扶助論」が紹介されている。相互扶助について語るとき、このクロポトキンという人物を無視しては語れない。

クロポトキン（１８４２−１９２１）は、ロシアの名門貴族の家系に生まれた。地理学者としても知られるが、シベリアへの軍隊勤務と地誌調査によりロシアの悲惨な民衆生活を知った。そして、もう一つ、さまざまな動物を観察するなかで大きな発見をする。それは、動物たちは殺戮《さつりく》をはじめとした弱肉強食の厳しい競争社会に身を置きつつも、お互いが助け合うということである。「競争と助け合い」。この二つは、人間社会だけでなく動物界すべてにおいて見られる現象であることを、クロポトキンは発見したのだ。

ピョートル・アルクセイヴィチ・クロポトキン（1842-1921）

彼は、お互いが競争や闘いを続ける（相互闘争）よりも、お互い助け合うこと（相互扶助）のほうが未来を展望できると考えた。相互扶助の社会では政府や行政の調整機能は不要となる。

クロポトキンは公共性への懐疑を持つようになり、無政府主義的思想に傾倒する。晩年にはロシア革命が起きている。そういう社会情勢下での成果である。

ここで無政府主義を主張するつもりはない。クロポトキンのように競争と相互扶助のどちらかを選択するのではなく、いずれもが人間の営みをあらわしているということだ。競争（闘い）と相互扶助は両翼であり、両方を意識して考えることが重要ということである。グローバル化の現在、文明も経済も、あらゆる局面で競争にさらされている。だからこそ、もう一方の側面である相互扶助も注目されなければならない。

日本の伝統的な相互扶助について、いくつか紹介しよう。

結《ゆい》・棟上げ

田植えなどを、村の人々が総出で作業するのが結である。人は一人では生きていけない。かつては、こうした共同作業がさまざまな場面にあった。

家を建てる際の棟上げの話を紹介しよう。

ある日、外を見ていたら、地下足袋を履き、赤い鉢巻きをして作業服を着た人が歩いていた。それを見て「わいらあ。どこへ行くんか」と聞いたら、「今日は、棟上げだ。どこどこの棟上げへ行くのよ」と答えるので参加する。建物は一日で組み上げた。お礼は、握り飯とおかずで、その晩には御馳走が振る舞われた。なんと、晩から参加する人もいたそうだ。

こうしたとき、労働への「お返し」は期待しない。御馳走の振る舞いは、建替えそのものの挨拶を含めてのことである。賃金は期待せず、あくまでも労働行為によって「参加する」ということなのだ。しかしボランティアと同じではない。報酬はないが、共同体の構成員である以上、自分にも影響する。自分の家の建替えが必要なときがくるかもしれない。建替える回数が他の人よりも多いかもしれないし、一度もないかもしれない。「損得」を度外視して、お互いが協力し合う。そして、支援が必要なとき（困ったとき）に確実に支援が得られる関係こそが相互扶助なのである。そして、その考えの根源にあるのは、家・村・社会の永続性である。

伊勢講《いせこう》

江戸時代の話である。

太郎兵衛さんが成人した。太郎兵衛さんの活動範囲はおおむね村の中であり、一年に二、三度、町に出る程度であった。「成人したのだから、もっと広い世界を見ておきたい」。村の人々は、太郎兵衛さんと同じような若者5人が伊勢神宮に参詣できるよう、みんなでお金を用立てた。

このお金は村の財政（村入用）から支出されるわけではなく、餞別《せんべつ》とも意味が違う。皆でお金を出し合って「伊勢講」として別に用立てるのである。太郎兵衛さんの家族だけでは伊勢神宮まで行く旅費を用意するのは難しい。お金があったとしても「そんな贅沢《ぜいたく》はできない」と、思うこともあるだろう。そうすると、同じ村の人同士《どうし》なのに自分のところは行けず、あっちの家の子どもは行った、ということにもなりかねない。

子どもの数は家によって違う。三人いる場合もあれば、一人もいないこともある。家族ごとの損得を度外視してお金を出し合う発想は、「成人した子どもたちは、皆、村を担っていく」という村の共同意識に根差している。それぞれの家が存続するためには、村の永続性が必要である。子どもたちを村全体で育てていくという発想が、講への出金となるのである。

伊勢講にはこうした通過儀礼以外にも、お伊勢まいりに行きたい人たちが集まってお金を出し合い、毎年順番で行くというものもあった。伊勢講に限らず、布団講、蚊帳講、絹反物講など、特定の目的を果たすためにお金を出し合うとき、講が利用されたのである。

頼母子《たのもし》・無尽《むじん》

太郎さんは急に100万円必要になった。銀行に行っても貸してくれない。貸してくれたとしても高い利子を支払わなければならない。そこで太郎さんは、手っ取り早く無尽に頼ることにした。無尽には知人や仲間50名が集まった。太郎さんのために皆が協力し、2万円ずつ出し合うことで、100万円という大金が無事に調達できた。

もちろん、仲間たちは太郎さんにお金を寄付したわけではない。「貸してあげた」のだ。持つべきものはお金ではなく、仲間ということだろうか。以後、太郎さんはこの無尽に参加し、真面目に毎月2万円ずつ支払い、4年2か月で完済した。

このように、皆でお金を出し合うことで困った人を救済するのが無尽（頼母子と無尽はあまり区別されずに使われるので、ここでは無尽とする）である。無尽の構成員は近隣の仲間たちなので、「ちゃんと返金できるのだろうか」というような未払いの問題は容易に解消できる。

それでは、無尽に参加することは、お金の貸し手にとってはどのような意味があるのだろうか？

まず第一に、仲間の急場を救えた、ということである。100万円もの大金を個人で貸すことはなかなかできない。しかし、皆でお金を出し合うことで仲間を助けることができるのだ。

第二に、毎月2万円を出し合うことで、100万円という大金を手に入れることができる、というワクワク感が得られることである。個人が銀行に積み立てるのと違い、毎月仲間たちと会合する楽しみと、いつか必ず100万円得られるという期待感を手にすることができるというわけだ。

現代にも引き継がれる「講」の心（写真は都留信用組合が講元となる「富士講」）

そして、もう一つ重要なのは、自分がお金に困ったとき、同じように無尽を組織することができるという点だ。無尽は、鎌倉時代にはすでにあったとされ、現在も山梨や沖縄をはじめとして全国各地で続いている。決して古いからといって、廃《すた》れていくわけではないのである。

信用組合の精神

信用組合の精神が相互扶助にあるということは、信用組合の存在意義は競争とは別の次元に存在することを意味している。相互扶助の本質は、「見返りを期待しない」存在でありながら、困ったときには「見返りがある」ということだ。この点が、一方的なボランティアや双方向的な契約と違う。そして、その根底には、地域・社会・仲間の永続（繁栄とは意味が異なる）があるというわけだ。

そして気付いてほしいことは、結や講、無尽・頼母子にしても、必要に応じて自然発生的に登場したということである。著名な人が発明したわけでも、法律をかざして指示したわけでもない。名もなき人々の知恵として生まれてきた。そして、今も中身を変えつつも、相互扶助の精神は人々の心の中に受け継がれているのである。

第2章　危機の中での相互扶助

相互扶助と同様の意味を持つ言葉に互助がある。

恩田守雄の『互助社会論』（世界思想社、2006年）では、互助を、「個人だけでは成しえないことを、社会の成員としてキョウドウして目的を達成する行為」と紹介している。このキョウドウには①集団で同じことをする共同行為、②共通の目標に向けて協力して同じことをする協同行為、③各自の責任（義務）を自覚し、成果（利益）を共有する協働行為、の三つの段階があり、①から②へ、さらに③へと進むことで、「社会的行為は段階的に多様な互助行為を生み出してきた」とされている。

キョウドウ行為は自発的に行われるが、常に相互扶助的精神に基づいて行われるわけではない。江戸時代後半になるにつれ、結《ゆい》や講、無尽《むじん》といった共同ないしは協同行為と比べ、より積極的な協働行為が行われるようになる。飢饉対策や米価安定を意図して設置された社倉は全国各地に展開した。また、二宮尊徳や大原幽学といった強力な指導者が登場する。今回は、こうした取組みとその背景を紹介しよう。

社《しゃ》倉《そう》

社倉とは、米や麦を備蓄するために設置された倉のことである。地域によっては義倉《ぎそう》や常平倉《じょうへいそう》とも呼ばれる。飢饉対策のほか米価安定のため設置されるなど目的はさまざまである。

広島藩では、江戸時代の三大飢饉の一つに数えられる享保の飢饉により社倉制度が実施された。ウンカの来襲により稲がほとんど失われ、藩内だけで８６００人の餓死者を出し、20万人以上（藩内のほとんどの人々）が飢えで苦しんだとされる。飢饉には人と人とが食い合う話など悲惨な言い伝えが多くあるが、なかでも興味を惹くのは大金を持ちながら道に倒れて餓死した人の話がある。いざという時、お金は米（食料）に代えることはできないということだ。江戸時代になって約１００年。当時は貨幣経済が浸透し、お金があれば何でも物が買えた。ところが飢饉という危機の時には、たとえどれだけお金を持っていても、米一粒すら買うことができないのだ。だからこそ社倉の設置が必要なのである。

広島藩は19世紀前半にはすべての村に社倉を設置した。制度の特徴を簡単に紹介しよう。①年貢の対象となる米ではなく麦を備蓄する。②麦を利殖すると利益を得ることができるが、「趣旨が異なる」ので神納したものと考え利殖に充てない。③社倉に備蓄した麦については、領主のいいなりにしない。④この社倉ではお金を蓄えるのではなく現物の麦を蓄える、などである。

利殖に使えば麦は倍になるかもしれないが、飢饉になれば村全体が飢餓に陥ることになる。社倉設置の考え方は、性急な豊かさを選ばず、社会のセーフティネットを整備することにあったのである。

二人の巨人

江戸時代後半、農政の指導者として二人の巨人が登場した。二宮尊徳と大原幽学である。

―二宮尊徳―

二宮尊徳の話から進めよう。尊徳は天明7（1787）年に相模国足柄上郡栢山《かやま》村で生まれた。通称は金次郎と呼ぶ。尊徳は「たかのり」と呼ぶのが正解である。

尊徳仕法（報徳仕法）と言われる方法は、地域復興に悩む村々のヒントとなった。その原理は、勤労・倹約を基調としながら、各自にふさわしく支出の限度を定め（分度《ぶんど》）、将来に備え、また他人のために収入の一部を譲ること（推譲《すいじょう》）であると言われる。

分度と推譲を二つの側面から紹介しておきたい。一つは領主に対し、財政に分度（制限）を設け、それを超える年貢収入（余剰収入）は農村復興資金に推譲することを求めた。もう一つは農民に対し自発的な勤労意欲を促し、富裕な農民や商人には「私欲を抑え公益を図る」べきとし、余剰を農村復興資金に充てるよう推譲させたのである。

また、五常講と言われる金融制度を推進した。窮乏する小田原藩士を3組に分け、各組100両を元金とし、100日を期限として一人1日1両までを無利息で貸し付け、返金できない人が

二宮尊徳の肖像画が使われた1円札（昭和21年ころ）

いた場合は講中のほかの人たちがお金を出し合うことで補てんする仕組みである。五常講は各地で推進されたが、尊徳は地域の実情にあわせて講の内容を変えつつ実行した。

五常とは儒教の仁・義・礼・智・信のことであり、この儒教の精神に基づき借り手に返却の自覚と責任を教諭した取組みと言えるだろう。

文政６（１８２３）年、二宮尊徳は小田原藩主の分家であった旗本宇津家の領地を調査するよう命じられ、当時衰退していた桜町領（下野《しもつけ》国＝現在の栃木県）に移住した。ここで行われた桜町仕法は報徳仕法のモデルと言われるが、特に注目すべきは現地調査を丁寧に実施し、そこで得られた課題の克服を積極的に行ったことである。

たとえば、同地の石高（公定生産高）４０００石は現実的ではないとし、実収高２０００石の土地としての年貢の引き下げを領主に認めさせた。支払えない年貢高を求めて農民のやる気をなくさせるよりも、支払える程度にまで年貢高を減らし、農民のやる気を起こさせ、年貢を得ることで復興を目指したのである。これは、報徳仕法の中の分度の考えに基づいているといわれている。

―大原幽学―

もう一人は大原幽学である。

大原幽学は寛政９（１７９７）年に生まれた。若くして全国を流浪し、勉学とともに各地の実状を見聞した。天保６（１８３５）年、下総《しもうさ》国香取郡長部村（千葉県香取郡干潟町、現旭市）の名主伊兵衛（遠藤氏）の依頼で同村を訪れ、同13年から居を定めて活動を始めた。農業技術の改良や農事日誌の作成などの指導を行うとともに、荒廃した百姓の再興を意図して先祖株組合を結成する。この先祖株組合は世界最初の協同組合とも言われる。

大原幽学肖像

大原幽学が東下総地方で実施した先祖株組合は、天保7（1836）年に発足した「子孫永々相続講」が始まりと言われる。下総国荒海村（千葉県成田市）では、先祖株組合の加入者は金5両相当の耕地を出資し合い、その耕地から生まれた利益を無制限に積み立てた。先祖株組合は村単位で組織された。

出資者から破産者が出た場合も持分は分割しない。一株分の元金が100両を超えると加入者の合意によって株の半分を割渡《わりわた》して家を相続させ、残り半分を家の持分とする。このように共有財産を作らせて家の永続を行い、農村荒廃を克服したのである。

ところが、学習会などでたびたび集会が行われたため、徒党の容疑がかけられ、関東取締出役に捕えられる事件が起こる。ほかにも、共同財産や田畑などの管理に問題があるとされ訴訟（裁判）となり、長期にわたる高額の訴訟費用が村々に大きな負担をかけた。こうした原因から農村は再び荒廃していくことになる。

相互扶助に基づく復興に必要なもの

江戸時代後半に全国的に展開した社倉制度と、関東農村の復興事業に尽力した二宮尊徳と大原幽学の二人を紹介した。社倉制度は飢饉というリスクに備え村民全員で負担する共済的な性格のもの、また尊徳と幽学の取組みは、農村復興に向けて村民全員が努力したものである。冒頭でキョウドウ行為を三つ紹介したが、③の各自の責任（義務）を自覚し、成果（利益）を共有する協働行為と言えるだろう。

この理想的な協働行為には、ある程度の欲望や不満を抑え、我慢を強いることが求められる。目先の欲や利益に対し、いつ起こるかわからない（あるいは起こらないかもしれない）リスクを抑え込むことは難しい。二宮尊徳や大原幽学という偉大な農政家がいるだけでは足りない。支配者、地域の有力者、人々に危機への意識が共有されていなければいけないのである。江戸時代後期、農村がしだいに荒廃していくなか、年貢の減免を認める支配者の危機意識、なんとか復興したいという地元の名主（名望家）、そして現地の人々の共通した意識がなければ行為を継続することは難しいのである。危機意識がない時に同じことをしようとしても脱落者が出るだろう。約束事が守られなければ多くの人に影響し、失敗する。

実は、もう一つ、失敗しないための魔法がかけられている。社倉では穀物を蓄えることを神納と言う。社倉に納める穀物は神に納めた、ということにしたのである。お賽銭《さいせん》箱に入れたお金を「返してほしい」とは言えないのと同じ論理を使っている。

二宮尊徳や大原幽学の場合は儒教である。契約書を取り交わすこともあったが、それ以上に、彼らは人々と学習会を行い、儒教を学び、人の道や行動規範などといった道徳を村の人々に徹底した。それが協働行為を実現していくための根底にあった、と言えるだろう。

二宮尊徳は、奉公先である服部十郎兵衛にたびたび金銭の無心《むしん》（催促）をされた。尊徳は「庭前《ていぜん》の草木に劣り候」と述べ、十郎兵衛に為政者として救民に尽くすように求めている。また大原幽学は、裁判が済み帰村したとき、再び荒廃していた農村を目の当たりにし、失意のうちに自刃したと言われている。短刀には「難舎者義也（捨て難きは義なり）」と書かれていた。

相互扶助に基づく農村復興は、①実際の指導力（江戸時代の場合、農業）、②危機への意識、③理念の浸透、によって実現したのである。

第3章　信用組合論の登場

世界地図を開いてみよう。日本が真ん中、左がヨーロッパで右はアメリカ大陸である。しかしヨーロッパを中心とする地図では日本は右の隅、ユーラシア大陸の東の端に描かれる。当り前のことだが、日本は世界の中心ではない。むしろ、ヨーロッパの人たちは、東の端ということで極東と呼ぶ。

この極東の国は、世界の文明や文化を吸収しつつも、呑み込まれることなく独自の文化を育んできた。たとえば日本語は、ヤマトコトバに漢字（中国の文化）を吸収したものである。戦後の目覚ましい復興も、日本の論理に世界のシステムを上手に吸収することで東洋の奇跡と言われる発展を遂げることができたのだ。

信用組合も同じである。江戸時代、結《ゆい》や講などの日常生活に根付いた相互扶助的活動、飢饉対策を意図して全国的に広がった社倉制度、農村復興の指導者である二宮尊徳や大原幽学などの登場によって、相互扶助的活動の有益性は実践の中で理解されてきた。こうした日本各地の伝統的な相互扶助的活動に、西洋で実施されていた「信用組合」のシステムを導入したものが融合し、産業組合が成立したのである。

二人のドイツ人による信用組合

日本の信用組合設立に大きな影響を与えた、シュルツェ＝デーリチュ（Schulze-Delitzsch 1808 - 1883）と、F・W・ライファイゼン（Friedrich Wilhelm Raiffeisen 1818 - 1888）の二人のドイツ人を紹介しよう。19世紀前半のドイツは、鉄鋼業を中心に発展を遂げており、多くの資金は重工業に投下されていた。このため、都市では伝統的商工業者が、農村では農民が高利貸しへの借金返済に苦しんでいた。

こうしたなか、二人は相互扶助を基調とした信用組合組織を模索する。

シュルツェは、1848年にプロシアの国会議員になるが51年に辞任、その後故郷デーリチュに帰ると、シュルツェ＝デーリチュ式組合と呼ばれる貸付中心の信用協同組合を組織した。これは、小手工業者と労働者を組合員であると同時に経営者、指導者とみなし、少額を貸し出すものであった。具体的には、①組合区域を制限しない、②一人2組合の加入を妨げない、③利益配当を行う、④短期金融が建前、⑤役員は有給、⑥金銭上の取引を主眼とし為替手形の発行なども行う、ことなどを特徴としていた。このように、組合への加入や脱退が簡単にでき、また株式会社のような開放性があったことから、社会変化に富む都市の商工業者に向いていた。

その後、シュルツェは59年に中央機関を設立し、東ドイツの農村産業組合の発展に寄与した。国会議員に復帰すると67年に最初の産業組合法を成立させた。

ライファイゼンは軍隊生活を送ったのち20年間各地の町長を歴任する。農業資金の供給を行う救済組合を設立したのは1849年のことである。その後、農民の自助に基づく相互扶助組織としての組合をつくることに尽力し、71年には77組合を組織する。さらに、76年以降、農業中央貸付金庫、農村協同組合中央会、農業用品共同購入の中央機関を設立した。

ライファイゼンによる共同組合活動は、①貸付金は長期貸付、②一人2組合の加入を禁止、③組合区域の限定、④貸付は対人信用を建前、⑤役員は無給、⑥利益配当はしない、⑦余裕がある時は公共事業に使用する、などがあり。シュルツェの信用協同組合と比較すると閉鎖的である反面、農村に定住する農民に適していた。ライファイゼンはこの精神について「我が法の精神は慈愛をもって人を遇するに在り、利をもって人を誘うには我が意に非ず」と、語っている。

ライファイゼン方式の信用組合は東欧の農村組合に広がった。1848年に農奴解放があったスロヴェニアでは、土地賠償や税の支払い資金をイタリア人やオーストリア人の高利貸しに頼らざるを得ない状況であった。しかし1890年ごろからカトリック教会がライファイゼン式の信用組合の育成に乗り出し、小口の加盟員にも貸出を認めるようになったため、農民は土地を手放す事態を免れたのである。教会系の信用組合は1910年には人口の1割が加盟するまでに至った。(1)

日本における信用組合論

信用組合の成立はドイツのライファイゼン方式を取り入れた明治33（1900）年の産業組合法に基づく。しかし明治23年ごろにも信用組合論について積極的な議論がなされていた。

品川弥二郎（1843―1900）は、長州藩士であり若い時には松下村塾で学んだ。明治3年ヨーロッパに留学、ドイツ駐在日本公使館の書記官、同代理公使を歴任し、同9年に帰国した。さらに、同18年から20年にもドイツ駐在日本公使となりベルリンに在勤した。この時期に小農・小商工業者保護の立場から設立されたドイツの信用組合に関心を持つことになる。

平田東助（1849―1925）は米沢藩（山形県）出身である。明治5年から9年にかけてドイツに留学する。平田はロシア留学のため岩倉具視や大久保利通らの遣外使節団に同行し、その途中ドイツのベルリンで品川弥二郎と運命的な出会いをする。この時、品川にドイツ留学を勧められ、ロシアからドイツへと留学先を変更、シュルツェによるドイツの信用組合を見ることになる。ドイツは産業革命後、貧富の差が拡大し社会不安が増大していた。そのなかで信用組合が小手工業者や労働者を救っている実態を目の当たりにしたのである。平田は日本にも信用組合が必要な時が必ずくると確信していた。

品川弥二郎

平田東助

帰国後、松方正義内閣、品川弥二郎内務大臣のもと平田東助は信用組合法案を起草し、第2回帝国議会が開催された明治24年11月28日に貴族院に上程する。この時の法案は都市の商工業者に適していたシュルツェ＝デーリチュ式の信用組合を展望したものであった。平田は杉山孝平とともに『信用組合論』を著した。

品川弥二郎は法案の提案理由の演説で「小農・小商工業は国家の土台」「中産以下の人民の生産力が衰える時は国家が衰退する時」と述べ、「この信用組合法案とは中産以下の人民のために金融の便を開き低利に資本を使用できるようにし、勤倹・自助の精神をおこし地方の実力をたくわえることである」と説明している。当時では画期的な発言であった。

ところが、農商務省からすぐさま強烈な反発があった。この時刊行されたのが、高橋昌・横井時敬共著の『信用組合論』である。つまり同じ明治24年に、性格を異にする二つの『信用組合論』が世に出たのである。高橋らは、農村振興には信用組合だけでなく購買・販売・生産などの諸事業を兼ね備えて行う総合的な「生産および経済組合」が必要であるとした。シュルツェ方式は出資制と利益配当を行っているため活気はあるが小民救済の理念に反していると述べ、ドイツ農村で広く普及しているライファイゼン方式が日本に最も適合すると主張したのである。結局、明治24年12月の衆議院解散により、信用組合法案は審議未了で成立することはなかった。

産業組合法が成立する前から

信用組合論が活発になると、遠江国《とおとうみ》（静岡県）を中心に信用組合設立の動きが見られるようになる。その指導的な役割を果たしたのが岡田良一郎である。

岡田（1839─1915）は遠江国に生まれ、安政元年（1854）に二宮尊徳の弟子になった。尊徳の晩年最後の弟子とも言うべき岡田は、報徳社運動を主導する。特に報徳の実利性を強調し、「財を生じてこそ徳を実践できる（富を得ることで徳を実践できる）」という「財本徳末」論を説いている。こうした功利主義的な考えは、二宮尊徳の思想を引き継ぐ他の人々から反発を招く。しかし岡田は信念を曲げることなく、明治23年には衆議院議員となり報徳社を全国に広めることに力を入れた。

明治25（1892）年8月、岡田は、地域振興を目的とした掛川信用組合（現在の掛川信用金庫）を静岡県に設置届を提出する。(2) すると9月には見附報徳社連合信用組合、翌年には浜松信用組合、永田信用組合、有渡守信用組合、志太益津信用組合など県下に次々と信用組合が設立された。これら報徳社ゆかりの人々によって組織された信用組合は法的根拠をもたなかったが、地域振興のためには必要とされていたのである。その後も信用組合は続々と設立され、産業組合法成立前には１５０もの組合が誕生していた。これらの信用組合の意見を反映しつつ、生産組合・経済組合（販売・購買組合）などの事業を加えた産業組合の設立を目指すこととなり明治33（１９００）年3月6日、産業組合法案は国会を通過したのである。

この時、品川弥二郎は意識不明の重病だった。平田東助が国会通過の報告を品川に知らせるとわずかにほほ笑んだという。翌日の朝、品川は静かに息を引き取った。

その後、中小企業金融の活性化が求められると、シュルツェ＝デーリチュ式の理念も踏まえることになる。大正6（１９１７）年、産業組合法が改正され、信用組合は主に都市の中小工業者のための市街地信用組合と、従来の産業組合法に基づく準市街地信用組合に分かれたのである。このように日本は、報徳精神を中心とした前近代の相互扶助の伝統と、近代欧米から導入した先進的な信用組合理論とを融合させ、日本独自の信用組合を成立させたのである。

最後に、平田東助が組合員に対し語った言葉を紹介しよう。「組合の本は信なり、信なければ組合なし。信は責任観念によりて生ず、責任観念は己を欺かざるに在り」（『伯爵平田東助伝』１９２７年）

（1）越村勲「農民組合」『歴史学事典』4、１９９６年
（2）なお、その前身組織として明治7（１８７４）年には資産金貸付所を創設している。

〈参考文献〉近藤康男総編集『明治大正農政経済名著集』（１９７７年、農山漁村文化協会）

第4章　産業組合運動の展開

近代となり、多くの企業が勃興した。産業革命が推進され、重工業も盛んとなった。近代国家は欧米に追い付くべく富国強兵を合言葉に、政商や財閥が中心となり、近代化に突き進んでいった。

日露戦争によってロシアに勝利し、日本は国際的な地位を得たが、地方は疲弊した。こうした地方の窮乏に対し、町村財政の整備や町村役場における有能な役人の育成、農事改良などを目指した地方改良運動が展開された。

もちろん、掛け声だけでは地方の立て直しは図れない。産業組合は地方の立て直しを具体的に支援する中核的役割として期待されたのである。

かくして、産業組合運動が全国各地に広範囲に展開され社会的なブームとなる。自らの経済的地位の向上とよりよい社会づくりを目指すこの運動は、地方の理想の姿を示すものとして、当事者だけでなく、多くの知識人の関心を呼ぶことになった。

産業組合法の中の信用組合

明治33（１９００）年3月6日、産業組合法が成立する。信用組合は産業組合の一つとして、販売、購買および生産の各組合とならんで信用事業を行う協同組合として発足した。

産業組合法第1条によれば、「産業組合とは、組合員の産業又はその経済の発展を企図するため、左の目的をもって設立する社団法人をいう」。その目的は、信用組合は「組合員の産業に必要な資金を貸付し、貯金の便宜を得させる」、販売組合は「組合員の生産するものに加工し、又は加工せずに売却する」、購買組合は「産業又は生計に必要な物を購買してこれを組合員に売却する」、生産組合には「組合員が生産した物に加工し、又は組合員をして産業に必要なものを使用させる」ものとされ、各事業の兼業は禁止されていた[1]。

特に産業組合のもとでの信用組合は、小農民・小商工業者のわずかな貯蓄を預かるという役割を担う一方、生産・販売に関することや生産用品（道具・器械）の購買に要する資金を貸し付けるという重要な役割を担っていた。貯蓄と貸付は金融機関であれば基本的な業務といえるが、信用組合は中小・零細商工業者や零細農民・労働者などを対象としているところがポイントである。とりわけ対人信用を基調とした無担保・無保証融資といった信用組合の方法は、一味違う金融組織（信用組織）として多くの見識者の注目を浴びることになる。

図 産業組合法施行後の信用組合数の推移

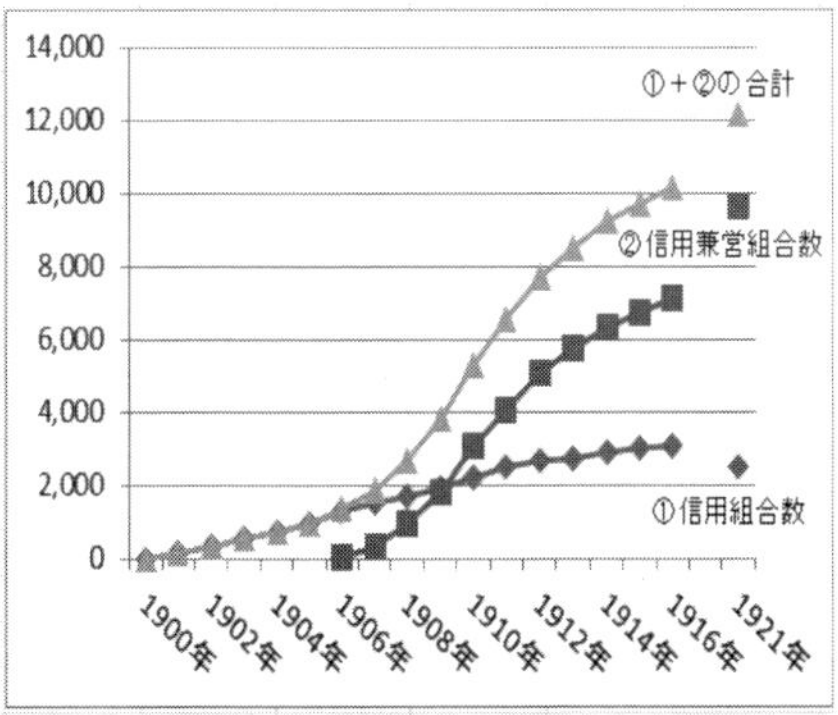

図を見てほしい。産業組合法の成立から20年間の信用組合数の推移である。法施行年には13の信用組合が認可（認可されていない信用組合を含めれば１５０―１６０もの信用組合が設立されていた）されたのみであったが、５年後の明治38年（１９０５）には９８６組合、さらに翌年、産業組合法が改正され信用事業以外の兼営（信用兼営組合）が認められると、信用組合数は爆発的に増加した。大正10（１９２１）年には組合員数１３５万人を超え、出資金総額３２２３万円（払込済出資金２４４８万円）、積立金１００１万円、借入金１４９７万円に達した。

産業組合や信用組合は、政府の補助金などに依存せず、相互に協力することで豊かさを実現するユニークな組織として注目された。そのため、組織に関わる人には「産業組合とは何か」、「信用組合とはどうあるべきか」を論じる人が多い。

当時の産業組合論、信用組合論をいくつか紹介しよう。

柳田国男の『産業組合通解』

柳田国男

『遠野物語』や『蝸牛考《かたつむりこう》』などの著作で民俗学の大家として知られる柳田国男（１８７５―１９６２）は、青年期には産業組合に精力を傾注していた。明治33（１９００）年、東京帝国大学を卒業後すぐに農商務省に入省。同年産業組合法が公布されていたことから、担当所管である農商務省は産業組合の普及が課題であった。

柳田が明治35年に出版した『最新産業組合通解』は、産業組合を平易に理解するための書物である。それ以外にも柳田は、産業組合についてさまざまな紙面に寄稿している。柳田が農商務省にいたのは1年半だが、その後法制局（現在の内閣法制局）へ異動し各地へ出張、産業組合の視察や産業組合に関する講演をしばしば行った。

柳田の産業組合論を、特に信用組合に注目しながら見てみよう。

柳田によれば産業組合とは、「同心協力によって各自の生活状態を改良発達するために集まった人の団体である。社会では、孤立して各人が独自に行動することで不利益を被ることが多い。財力のある富裕な企業家は独自の資金で目的を達成できるが、個人が独立して経済界を維持していこうとしても、競争や不便・不利益に耐えることができない。こうしたなか、中産以下の農工業者ができる方法が産業組合である」。また当時、農業その他の産業発達を奨励するための長期・低利の農工銀行があったが、「銀行の場合は担保物が必要となるのに対し、産業組合の場合は無抵当で資金の貸付が認められる」と説明する。

柳田は同心協力について「困った時に誰かの保護救援を仰ぐよりも、対等の人が結びつき、互いに助けてしのぐほうがはるかに立派である」と述べている。それを念頭に、産業組合への勧誘には心がけとして協同と自助の精神を忘れるべきではないという。そして信用の根拠は勤勉と正直であるという。資金貸付の根拠を勤勉と正直という道徳に期待し、また産業組合の構成員に対し自立した近代人であることを求めた。補助でもなければ互助でもない。自助でなければいけないとしたのである。

こうした姿を柳田は、産業組合の問題だけでなく、人間的なものとして追い求めていたのかもしれない。彼の産業組合研究は、人間研究として、晩年の民俗学研究へとなり、花を開くことになる(3)。

志立鉄次郎《しだちてつじろう》の「産業組合の精神」

日本興業銀行総裁であり、1927年のジュネーヴ国際経済会議に参加した志立鉄次郎（1865―1946）は、産業組合中央会会頭を務めた。志立は昭和10年9月、雑誌『産業組合』において産業組合の精神について発表している。それは次の5つの点からなる(3)。

第1に産業組合は経済上の福利増進が目的であるとした。つまり経済活動を競争・対立などで実現するのではなく、よりよい社会を形成し、人類の精神的幸福を道徳的方面で実現するとしたのである。第2に協同と独立の精神である。人類相愛、相互扶助の根本概念のもと共存共栄・自他共助による協同の精神を実現しようとする一方、独立独歩・自奮更生の独立自助の精神も必要である、第3は組合の自由性である。国家権力が関与しない、自主的・民主的に結合すべき自治団体としている。第4は産業組合の根本観念としての協調性である。資本主義に邁進する一方、個人主義・社会主義のいずれの理念の良さも反映したものと述べている。そのためには政党政派に対して中立であること、職業・宗教・地位・階級・老若男女などにこだわるべきではないと述べている。そして第5が世界共同の一大運動であることを述べている。組合員は国際平和の確立、国交親善の増進を理念とし、相互扶助・隣保共助の大義を世界人類に及ぼすようにすると述べている。

佐藤寛次の『信用組合論』

次に、産業組合の有力な指導者として知られる農学者、佐藤寛次（1879―1967）を紹介しよう。佐藤は山形県に生まれ、明治40年に東京帝国大学農科大学助教授となった。大正9

（1920）年に産業組合中央会理事、昭和14（1939）年に東京帝国大学を退任すると、東京農業大学教授、学長となった。同氏の『信用組合論』は、大正7年に刊行され、大正11年に再刊されている。

佐藤は、産業組合のもとにある信用組合の「組合員に最も手軽な方法で低利の資金を供給し、兼ねて組合員の勤勉を奨励する」という役割を重視している。特に注目したのがその根底にある信用である。

佐藤は信用という言葉には二つの意義があると指摘する。一つは道徳上の意味で人の品性、人格などに関するもの。つまり、他人を欺かないという信念を持つという意味での信用である。そしてもう一つの信用は、将来その対価を支払う義務を尽くすという信認を指す。つまり、信認に基づいて一定の金額を交付し、交付を受ける組合員は一定期間に金額を組合に返還するという信認によって貸付事業が行われ、さらに組合が必ず払い戻してくれるという信認の下に貯金が行われる、とする。この二つの意義が密接に関係しあうことで「信用組合は道徳を奨《すす》むるものである」と述べている。

また、信用組合にはなぜ対人信用が可能なのかという点について、「組合所在地の局部的事情に精通し、組合員の内情を洞察できる」からだとしている。情報の非対称性の問題を密接な人間関係で補うことが大事である、としているのである。

こんな話が残されている。昭和2年、産業組合学校（現・中央協同組合学園）の第1回卒業生を祝うため、佐藤は生徒に洋食をご馳走することにした。青年たちにとって正式なフルコースは初めてのこと。佐藤が手本を示し、みながやっと食べ終えた。佐藤は言った。「協同組合運動は世界的な運動だから、将来、諸君は外国人と食事をともにすることがあるだろうが、もう気おくれしないですむ。

そのために、この催しをしたのだ」[6]。

この産業組合学校の校歌が、『青い山脈』や『王将』の作詞家として知られる西条八十《さいじょうやそ》による『産業組合歌』である。相互扶助が謳われた歌詞からは、当時の熱い想いが伝わってくる。

（1）『産業組合発達史』第1巻　1965年／『信用組合史　別巻』1976年
（2）藤井隆至著『評伝日本の経済思想　柳田国男』2008年、日本経済評論社
（3）『協同組合の名著』第10巻、1971年
（4）全国農業協同組合中央会（JA全中）の前身。明治38（1905）年3月に設立（当初は大日本産業組合中央会）、初代会頭は平田東助。設立趣意書は、「自由競争を前提としつつも、貧富の差が顕在化する弊害を示し、富めるものは富み、貧しきものは貧しくなるという現象をかんがみ、小農や小商工が共同し団結する必要性がある」と説いている。
（5）『協同組合の名著』第4巻、1971年
（6）古桑実編『協同組合運動への証言』上巻、1982年、日本経済評論社

第5章　中小企業者や労働者のための信用組合

一身独立し、一国独立す――。福沢諭吉の『学問のすすめ』にでてくる名言だ。江戸時代、身分制社会のもとでは人の職業は生まれながらに決まっていた。近代社会となり職業選択が自由となった。しかし、このことは自らの手で困難な人生を切り拓くことを意味した。自らが、自らの能力で生き抜く術を身に付けなければいけないのだ。

近代の人たちは、個々人で考えを有さなければならず、そのためには、合理的な考えや科学的思考を身に付けなければならないのだ。その結果独創的な発想も生み出すが、個人主義に陥ることにもなる。産業組合は補助金や救いの手を差し伸べることとは性格を異にする。自立した個々が相互に協力し合い、自らが力を得ていくための組織（自助組織）である。人々の自立を後押しする金融機関は、政府系の農工銀行や普通銀行があったが、零細な中小企業、小農民、そして労働者を支え、自立・自助を後押ししたのは信用組合であった。信用組合は無担保・無保証で、対人信用を重視した。

そんな組織は、当時、信用組合しかないのである。

拡大する信用組合

明治20年（1887）代以降、多くの中小銀行が林立するなか、産業組合法の成立により信用組合も各地で設立された。信用組合は組合員の利益を第一義とする社団法人であったが、金融機関の補完的な役割も担っていた。

埼玉県を例にしよう。埼玉県では、明治34（1901）年には普通銀行が38、貯蓄銀行が19も存在していた。日露戦争後の反動不況に陥ると、取り付け騒ぎを招く銀行も登場した。県は政府の指導に従い弱小銀行の合併を推奨したが、銀行がない地域を生む事態を招いている。銀行に対し、県は支店設置の指示とともに「地方金融機関トシテハ信用組合ヲ利用スル」と、信用組合を積極的に活用した。実際、埼玉県下では勤倹貯蓄組合[1]の結成が遅れた地域に、信用組合が多く設立されている。こうして埼玉県における産業組合数は、都市部だけでなく農村部でも順調に増加し、事業量も増大している。大正8（1919）年の組合数は329となり、貯金額も貸付金額も増大した。昭和2（1927）年には400を超え、組合員数は23万人余、農業者が8割を超えていた。昭和初期の金融恐慌・農村恐慌において、埼玉銀行会は預金支払限度額を1人1日300円以下に制限するなど厳しい対応をとった。しかし、産業発展を支援する機関として成長し、支持を受けていた産業組合は、この措置の例外とされ、金額の制限が配慮された[2]。

佐久間式信用組合

佐久間貞一（1846―1898）という人物を紹介しよう。この人物は、秀英舎（大日本印刷の前身）社長として、また労働組合期成会[3]の評議員を務めていたことで知られる。佐久間は産業組合法成立前の明治29（1896）年9月に、佐久間式信用組合とも称される東京貸資協会を設立した。ドイツのライファイゼンとシュルツェの二つの信用組合のあり方とともに、二宮尊徳の報徳社の組織を学んで作られた独自の金融組織である。

佐久間は明治20年代、日本の産業革命により機械化が推進されるなか、零細な手工業者が機械化によって仕事を失い没落することを危惧した。手工業者たちには新たな職業や技能を身に付け自立することが求められ、そのための支援が必要であった。

佐久間は会員となった手工業者に毎月一定の積金を行わせた。そして1年経つと信用評定を行い、積金の5倍を標準として事業のための資本を貸し付けるようにしたのである。また共同金庫を設置し、会員の余財を預かり蓄財するとともに、その資金を相互に融通し合うことにした。

その後、佐久間は、労働者の貯蓄と資金融通の便宜を図る国民貯蓄銀行を構想したが、志半ばで死去する。彼の志は山中隣之助（三十二国立銀行取締役を務めた）らによって引き継がれる。国民貯蓄銀行の設立趣意書には「労働者の勤倹によって貯蓄するようにし、自助・独立の気風を養う」、「労働者の資金融通の便利を与え、自己立脚を意図する」と書かれており、佐久間の遺志を反映したことが窺《うかが》える。

佐久間の遺志は秀英舎の社員たちにも引き継がれた。彼らは東京協賛会という労働者や中小産者のための貯蓄金融機関を設立した。この組織も労働者の余財を積み、共同金庫を設け、資金の相互融通を図り、他日の事業の資本とすることを意図したのである[4]。

市街地信用組合の成立

信用組合設立の動きは、明治30（１８９７）年には人力車夫たちによる東京信用組合（半年未満で解散）、東京全市の建具職によって組織された東京建具職信用組合の設立など広がりを見せた。そして大正６（１９１７）年には産業組合法が改正され、市街地信用組合が認められるようになった。産業組合法の下、従来の信用組合（いわゆる準市街地信用組合や農村信用組合）に新たに市街地信用組合が加わり、２つの流れが生まれたのである。

市街地信用組合は、当時、農商務省と大蔵省との共管で指導・監督が行われた。信用組合とは異なり、市または主務大臣が指定する市街地において手形の割引を行えるほか、区域内であれば組合員以外の一般人の貯金も受入れが可能とされた。ただし、信用組合には認められていた他の産業組合事業との兼営は、認められていない。大正12年には１２２の指定町村で、１７６の市街地信用組合が認可されている。北海道有限責任函館信用組合は、中産階級に寄与でき金融機関が無尽しかなかったことから設立され、長崎県有限責任信用組合佐世保庶民金庫は、長崎海軍工廠《こうしょう》に勤める多くの職工のために、福島県有限責任福島市信用組合は、地元の金融機関の多くが高利貸しであったことから、福島市の有志との相談により設立されている。地域の多様なニーズに応えるため、庶民金融機関として市街地信用組合が設立されたのである[5]。

賀川豊彦が創った信用組合

ここで現・中ノ郷信用組合（昭和3年設立）の創設者である賀川豊彦（１８８８―１９６０）につ

賀川豊彦2代組合長（中ノ郷信用組合50年史）

いて触れておく。賀川は兵庫県出身の敬虔《けいけん》なクリスチャンであり、自伝的小説『死線を越えて』や、協同組合運動の指導者、特に生協の父としてよく知られる人物である。

賀川は、協同組合は搾取を離れた経済制度であり協同的互助組織であると評価し、産業組合法を発展させることにより理想とした組合的協同の社会を実現できると展望した。最も理想的な信用組合は「防貧と救貧の二つを兼ね備えた」ドイツのライファイゼン式信用組合であるとし、彼の構想した保険組合の一つである生命保険と連携し、その定期預金を各種の協同組合の事業資金として活用すべきであると主張した。

大正12年（1923）9月1日、東京を襲った関東大震災は、190万人が被災し10万人以上が死亡、11万棟弱が全壊、21万棟余りが全焼と未曽有の災害をもたらした。神戸から駆け付けた賀川は、宗教者一般に見られる人道主義的立場と協同組合運動家としての良心に基づく理想主義的立場で東京復興に尽力する。

賀川は神戸と東京を往復し義捐金集めに奔走した。12月には本所基督教産業青年会を設立する。この会の活動は、①宗教活動、②児童育成活動（幼児保育〔保育所〕、少年少女の会）、③教育活動（裁縫、編物、刺繍《ししゅう》、市民講座）、④保健活動（無料診療所、児童健康相談所、巡回看護婦、産婆、牛乳配給所など）、⑤厚生活動（職業安定所、人事相談所、法律相談所、罹災者収容事業など）、⑥組合活動（信用組合、消費組合、医療組合、労働者組合、協同組合学校）であった。震災の混乱のもと庶民の生活を維持し、支えていく組織を実現したものと言えるだろう。

震災後、金融恐慌が発生すると、中小の商工業者や労働者は困窮した。当時、こうした小口の金融は高利貸しに依存することが多かったため、賀川とその仲間たちが思いついたのが質物担保（質屋）による小口金融であった。質屋兼営による信用組合は、大正末期から昭和にかけて全国に30組合存在した。[6]

こうした実例を参考に中ノ郷質庫信用組合が設立されたのである。初代組合長は明治学院大学の学院長であった田川大吉郎、実務は専務理事の奥堂定蔵（4代組合長）が担った。多忙であった賀川は2代目の組合長となる。

質屋営業にはいろいろな問題があった。貸出金利は年利最高で4割8分、最低でも2割4分ときわめて高利であった。また質物を一部だけ受け戻す場合、一か月分の利子を二重に支払わねばならず、借り手の負担が重かった。これには質屋という職種上、やむを得ない事情もあったのだが、奥堂は質屋改造連盟を組織し、当時制定された公益質屋法[7]を踏まえ、質屋業者への改善を求めている。

さて、中ノ郷質庫信用組合の設置認可に当たり、東京府には三つの心配事があったという。一つ目は、質による貸付の場合、専門的な鑑定能力が必要であること。二つ目は、出資金が集まるかという点。そして、三つ目は設立者についてであった。信用組合の設立者には地元の名望家や富裕者が名を連ねるのが一般的であったが、中ノ郷質庫信用組合の場合、設立者には労働組合や社会事業に関わる人が多く、金融事業に向くのかが危惧されたのである。しかし、これらの心配事は東京府の担当者と設立者らの面接で氷解した。府の担当者は設立者たちの私心のなさ、組合運動への熱意や真剣さに打たれ、今後の信用組合業界にとって刺激的な存在になることを確信した。[8]

（1）村などを単位とした貯蓄を目的とした組織。
（2）『日本地方金融史』日本経済新聞社、２００３年
（3）労働組合の結成を目的として１８９７年に設立された団体。幹事長は高野房太郎、幹事に片山潜、澤田半之助らが就任。
（4）『佐久間貞一小伝』１９０４年
（5）『産業組合発達史』第2巻、１９６５年
（6）共同質屋信用組合（長野県上田市）、都城質庫信用組合などが挙げられる。
（7）市町村や社会福祉法人が経営者となる低利の質屋。
（8）『中ノ郷信用組合50年史』１９７９年

第6章　混乱と萌芽の時代

信用組合の地域限定・人的信用という独特な理念と、中小企業、小農民、労働者の自立を後押しする庶民金融という特徴は、日本経済の発展に重要な役割を果たした。特に市街地信用組合は、大正から昭和の戦時期へと時代が進むなか順調に組合数を増やしていく。大正6（1917）年の産業組合法改正時には2組合しかなかった市街地信用組合は、10年後の昭和2（1927）年には242組合に、昭和16年には290組合に増加した。

政府も市街地信用組合のない指定市街地への設立などを積極的に推し進めたのである。

産業組合の増大は、協同組合運動の成果といえるが、商業活動を圧迫することにもつながり反産運動が展開した。

そして、金融業界の動揺が深まるなか、戦時体制下で否応なく組織替えが強制されることになる。しかし、こうした混乱の中で戦後へと続く新たな芽も生まれてくる。

金融恐慌期の信用組合

昭和2（1927）年3月、片岡蔵相は前日の報告を受けて東京渡辺銀行の破綻を宣告した。実は東京渡辺銀行は、ぎりぎりで決算を完了していたが、この大蔵大臣の一言で休業することになったのである。

この一件は、東京渡辺銀行にとどまらず、全国に波及し、休業件数は31にのぼった。結局、高橋是清蔵相のもと支払い猶予令（モラトリアム）を発し、金融機関は一斉休業する。その間に日本銀行による特別融通を行うことで危機を脱した。金融機関での取付け騒ぎはそれ以前からしばしば起こっており、信用不安は社会問題とされていた。

金融恐慌は産業組合下の信用組合に、どのような影響をもたらしたのだろうか。

もちろん、無傷のものばかりではなかった。都市部など銀行との結びつきが強い地域では金融危機の影響を受けた。例えば埼玉県では、組合員への融資よりも地元の地方銀行への預入れが多かったため影響を受けた信用組合も多く、引き出す金額に制限をかけるなど組合員の動揺を防ぐ取組みがなされている。

また、東京都では支払い猶予令が発せられた時や、兵庫県でも銀行が破綻や休業する事態に陥ると、宣伝ビラをまくことで沈静化を図っている。さらに信用組合の指導機関である産業組合中央金庫(1)からの協力・援助により、事態を落ち着かせている。

産業組合中央金庫だけでなく各府県にある信用組合連合会の役割も大きかった。例えば岐阜県では、平坦部の信用組合の資金は潤沢だったのに対し、山間地方の組合は資金枯渇の状態だったことから、連合会が応急的に資金調節を行っている。

このように、信用組合への金融恐慌の影響は、銀行と比較すれば比較的平穏な状態で収束している。その理由は、市街地信用組合を除けば金融の対象が組合員に限られていたこと、産業組合内での運用が多く市中の金融市場の影響を受けにくかったことが挙げられよう。さらに経営が不安な信用組合の場合、産業組合中央金庫によって下支えされていたことも大きな要因である。金融恐慌は、地方銀行の多くが破綻もしくは取付け騒ぎの対象となるなど、社会に大きな金融不安をもたらした。それに対し信用組合は、農村や地域の金融機関としての信用を高めている。

例えば福島県では、「村の金は村へ」という標語に共感が集まり、家族貯金、団体貯金、町村基本金預入などをはじめとして貯金額を増やしている。三重県ではこの時期、金利を低下させることで積極的な融資につなげ、地元の産業育成に実績を挙げている。山梨県や奈良県などでは金融恐慌を受け銀行の合併が推進されたため(2)、小口の貸出を行う銀行がなくなり信用組合の必要性が増し、市街地信用組合が設立されている。

ここで現・青梅信用金庫の前身である青梅信用組合の事例を紹介しよう。東京都青梅地方では地域の金融機関が合併し、武陽銀行が設立された。しかし中産階級の事業者にとっては、合併前に取引していた中小銀行を失う結果となる。

青梅信用組合はこうした事業者らの資金需要に積極的に応え、取引先を拡大する。例えば地元の銘茶販売を営んでいた斎藤茶舗は、300円の必要が生じたが、昭和恐慌の最中で銀行は貸してくれない。この時、青梅信用組合は知人の紹介を通じて斎藤茶舗の入組を認め、300円を貸し付けたそうである。全国各地の銀行が取付け騒ぎなどにより休業や閉鎖に追い込まれるなか、青梅信用組合

は制限なく支払いに応じ、かえって信用を得ることとなり、預金額を増やしたのである(3)。

反産運動の展開

昭和2年の金融恐慌や世界恐慌、それに伴う昭和5～6（1930～31）年の昭和恐慌は、社会不安を増大させた。さらに中小の商業者は、百貨店などの大型商店の登場による圧迫を受けていた。特に肥料商の場合、一方では三井や三菱などの大資本が全国的な販売網を形成し、もう一方では産業組合が、購買組合や消費組合などを組織したため、窮地に立たされていた。

産業組合は農村疲弊の原因を、都市を中心とする中小商工業者や商人たちの利潤獲得にあるとして厳しい批判を展開していた。それに対し中小商工業者は、自分たちの窮乏の理由は産業組合の過度な保護、特典にあると反論。産業組合の発達と政策的支援に反対する反産運動を展開していく。

反産運動は当時の新聞紙上をしばしば賑わしている。その論調は、苦境に陥る中小商工業者へ同情的ではあるものの、産業組合運動に対しては「近年のごとく農業恐慌の深化せる時にあっては農村の自衛的手段として甚大の意義を持つ」と述べ、農村への相互扶助の精神や組合精神とこれまでの成果を高く評価している。

こうしたなか、反産運動の渦中で悩ましかったのは市街地信用組合であった。産業組合の一員として産業組合運動を支援する立場でありながら、多くの組合員は反産運動を展開し商権擁護を主張した都市の中小商工業者だったからである。この板挟み状態は市街地信用組合に、産業組合の一員という立場から、中小商工業者専門金融機関、地域金融機関として独立するきっかけとなっていく。

戦時体制への転換

昭和6（1931）年9月、満州事変が起こると日本はしだいに戦時体制に入っていく。昭和13年4月には閣議決定により大蔵省に国民貯蓄奨励局が設置され、国民貯蓄運動が実施される。国民の所得を貯蓄させ、消費支出を制限しインフレを抑制するとともに、貯蓄金は戦時財政に必要な公債の消化資金に充てられた。有名な「ぜいたくは敵だ」「欲しがりません勝つまでは」などの標語や倹約を美徳とした道徳の背景には、こうした事情があった。

中小商工業者に対しても軍需産業への転業など戦時体制に即した転換が進められ、そのための金融施策が打ち出された。無尽会社[4]や信用組合に加え、昭和11年には商工組合中央金庫、13年には庶民金庫[5]が相次いで設立される。国民は金融機関に貯金をし、金融機関は国から国債を買わされ軍需機関への融資が強要されたのである。

船橋信用組合では、国民貯蓄運動の目標達成のため、自転車に紙芝居を積み月1回ほどの割合で区域内の国民学校や隣組、町会などを回った。紙芝居の内容は、軍国ものだけでなく親孝行もの、貯蓄奨励に関係のあるものなどで、何とか楽しんでもらうように工夫した。また、貯金した生徒には、エンピツと漢数字の金額を記した三つ折りの通帳を渡したとのことである[6]。

この当時の市街地信用組合は、特定の市や指定市街地に数多く存在する一方、全く設置されていない地域もあった。農村では一村に一信用組合が設立されていたため、昭和13年には同様の施策が打ち出される。市街地信用組合にあっても一市一組合、一区一組合を原則とし、林立している地域は統廃合を行い、設置されていない場合は設立を促進する方針が出された。

市街地信用組合法（単独法）の制定

さて、産業組合法下の市街地信用組合にはいくつかの課題があった。その一つは大蔵・農林両省の監督下にあったため、調整が難しかった点である。その指導は農業中心的であり、市街地信用組合の実態にそぐわないことが多かった。また、産業組合中央会による指導体制や中央機関である同会の農林的事業への傾斜への不満もあった。さらに商業組合や工業組合などの小規模組合を組合員とすること、員外預金受入れ金額の撤廃要望など市街地信用組合独自の課題もあった。

その一方で、産業の再編成による軍需産業への転換とともに食糧統制の強化が図られた。農業団体法を改正し産業組合中央金庫を改組、農林中央金庫とするという外的要因もあったことから、市街地信用組合は産業組合から切り離されることになったのである。

かくして昭和18（1943）年、市街地信用組合法は単独法として制定された。この法の下、主務大臣は大蔵大臣だけとなり、組合員資格も拡大した。「区域内に居住し、かつ独立の生計を営む者」から「区域内にある事務所、工場に勤務する者」まで含むこととなった。戦時期の統制下ということではあったが、市街地信用組合は中小企業金融機関、地域金融機関として、金融機関性を強化させたのである。

（1）現・農林中央金庫の前身。昭和18年に現在の名称に変更。
（2）政府は昭和3年、銀行法を施行。銀行経営の健全化を目指して弱小銀行の整理統合を強力に推進した。
（3）『青梅信用金庫史』、1984年
（4）無尽会社は昭和26年の相互銀行法により銀行となり、平成元年前後に第二地方銀行に業種転換した。
（5）同金庫の事業は恩給金庫事業とともに昭和24年、国民金融公庫に引き継がれる。同公庫は平成20年に日本政策金融公庫に統合。
（6）『船橋信用金庫五十年史』、1982年。なお、船橋信用組合は船橋信用金庫となり、平成14年に合併し東京東信用金庫になっている。

第7章　協同組合精神と信用購買利用組合

日本人の伝統的な精神を忘れずに西洋の文化を学び、巧みに両者を調和させることを和魂洋才という。幸運にも欧米の植民地になることを免れた近代日本は、特定の国だけでなく、多くの国々のシステムを学ぶことができ、それらを上手に吸収することができた。信用組合の理念もそうである。

信用組合の源流をドイツのフリードリッヒ・ライファイゼンとシュルツェ＝デーリチュの二人から紹介してきたが、ここでもう一つの潮流を紹介しよう。イギリスから始まった協同組合運動である。

協同組合運動の父と言われるロバート・オウエンはマルクスやエンゲルスなどから空想的な社会主義者であると批判された。批判が強烈であるということは、それだけオウエンの思想のインパクトが大きいことを意味している。

経済的弱者である農・漁民、中小商工業者、労働者、消費者大衆などが共同して消費、生産、販売、購入、信用といった経済活動を営むこの活動の理念は、信用組合にも受け継がれていくことになる。

ロバート・オウエン

協同組合運動の父といえばロバート・オウエン（1771－1858）である。若いころに教育学者のペスタロッチや、最大多数の最大幸福で知られる功利主義者ベンサムの影響を強く受けたといわれる。イギリス（ウェールズ）ボーイズのニュータウンの出身でスコットランド最大の都市グラスゴーでニューラナークの経営者の娘と結婚し共同経営者になった。

当時のイギリスは若年労働者も多く10時間を超える長時間労働も多かった。オウエンは「どのような性格のものでも適当な環境を与えさえすればこれを改めることができる」という信念のもと、労働時間の短縮、賃金の引上げ、住宅の改良・新築、児童教育だけでなく、大人のための夜間学校を開校するなど社会改良を実践して成果を挙げた。オウエンが「成人教育の先駆者」や「人事管理のパイオニア」「ソーシャル・ビジネスの模範例」「初めて国際的な労働保護を唱えた人物」などと称される所《ゆ》以《えん》である。

ロバート・オウエン

その後、オウエンは自身の理想を実現すべく、アメリカ合衆国インディアナ州のニューハーモニーで協同村建設を始める。しかし、彼の理想は人々の意見と食い違い、ほとんど無一文の状態になってイギリスに戻ることとなる。オウエン自身が経営者の立場だったことから、彼の思想や行動はユートピアとか空想的社会主義者との批判を受けている。

しかし、オウエンの活動は、協同組合運動の父としてだけではなく、経営学の広い分野で先駆的な役割を果たしたといえるだろう。現在の経営者が当然のように行っている活動を初めて実践した人物として、幅広い分野で高く評価できるのである。

ロッチデール公正開拓者組合とロッチデール原則

同じイギリスの北西部マンチェスター工業地帯の北のはずれにフランネル製造を産業としたロッチデールという町があった。１８４４年、このフランネル手織工たちを中心に、28人の労働者が日用必需品を扱う消費協同組合店舗を開いた。これが消費協同組合の始まりロッチデール公正開拓者組合である。

組合の目的は①公正な取引、②住宅建設を進めた地域コミュニティの形成、③生産協同組合を視野に入れることなどである。ここで取り決められたロッチデール原則は、消費協同組合にとどまらず協同組合全体に敷衍《ふえん》した理念となった。

ロッチデール原則は大きく三つにまとめられる。一つが現金購買原則（現金売買）である。この原則は当初、家計の苦しい労働者や農民に受け入れられず、批判の対象となっていた。しかし、この理念の徹底は組合存立の重要な基礎であった。

商人の立場からすれば、掛売りには代金回収の遅れや貸倒れリスクがあるため、こうしたリスクを織り込んだ高い価格で売る。しかし掛買いで物を買うということは、結果として購入者が商人に依存することになる。商人は粗悪品をごまかして売ることもあるが、掛買いによる借金があれば特定の商人としか取引できず、組合の理念である公正な取引が実現できないのである。

また、商品の販売には量目を正確にし、品質本位にすべきとの原則を掲げ、純正な商品を組合員に供給するようにした。これらの原則は商人からの解放を目的としたものである。

もう一つが「購買高による配当」の原則である。民主的な組合運営の根幹は「一人一票の議決権」「自由加入制」そして「利用分量配当」である。商売で得た利益剰余金は事業拡張の資金に充てることもあるが、組合員に分配（配当）する場合には出資金額に応じて支払うのではなく、購買高に応じて払い戻すという方法をとったのである。このことで、組合員が組合への利用度を高めるようにし、密着度を高めるとともに、営利を目的とせず、一般商人と競争しないことを示したのである。

そして政治宗教に対する中立の原則である。ロッチデール公正開拓者組合が設立した当時、政治的な問題として普通選挙権の獲得を目指したチャーチスト運動や、会社との対決を続けるべきだと主張する社会主義者が多くいた。また宗派的な争いも頻繁に起こっていた。こうした影響下、人々は自らの生活を守るために日用必需品を扱う消費組合を作ることが大事であるとし、協同組合運動は政治や宗教とは別の経済的運動であると考えたのである。

こうしてロッチデールから始まった協同組合運動は消費組合として、次いで生産組合として発展する。そして、消費組合連合会が組織されると信用事業も行われるようになり、このロッチデール原則は信用事業にも反映されたのである。

信用購買利用組合――金沢市近江町市場の事例（注）

市街地信用組合が組合員以外からも預金を受け入れることができ、手形なども扱えるようになったことから金融機関としての性格を強く持つことになったことは前回紹介した。このため、市街地信用組合は兼営が認められなかったのである。

一方、いわゆる「準市街地信用組合」は「信用（金融）」のほか「利用」「購買」などの兼営が認められていた。大正から昭和の初めに創設され現存する信用組合には、この信用購買利用組合を起源とするものも多い。それは、どのような組合だったのだろうか。ひとつの事例を紹介しよう。

有限責任金澤水産信用購買利用組合（現・金沢中央信用組合）は大正13（1924）年2月、石川県金沢市にある近江町市場の魚の小売商の組合（金沢市魚商《うおしょう》組合）のために設立された。その名のとおり信用（貯金および資金の貸付）のほか、購買（まな板や包丁などの共同購入・販売）、利用（冷蔵庫の共同設置・利用など）の3つの事業を行うことができた。

創立の経緯はこうである。

大正12年3月、中央卸売市場法が制定された。当時は資力のある問屋が商品価格を決めるなど問屋側が市場を牛耳っていたため、法律には「せり売り」「取引の明朗化」「現金決済」など小売業を保護する内容が定められた。

せり売りには「歩戻し（売り手〔問屋〕側が支払いを受けた額の一部を買い手〔小売り〕側に払い戻すこと）」という仕組みがある。問屋側にしてみればこの歩戻し金を払いたくない。そこでせり売りをせずに商品を売る「相対売り」を続け、さらに商品を自社の社員に直売させるなどの違反行為を繰り返した。

困ったのは小売商である。金沢市魚商組合は、せり売りを行うことや価格の安定化、自己仕入れ（問屋社員の直売）禁止、さらに割戻し金として年間1万円を3年間にわたって支払うことを求めるなど15項目におよぶ要求を問屋側に突きつけた。

こうした状況のなか、金沢市魚商組合の2代組合長だった野村喜一郎（１８６８−１９３８）が中心となり、小売りの組織力を強化すべく組合員の相互扶助、経済的地位の向上、貯蓄の奨励、金融の円滑化を図ることを目的として設立されたのが金澤水産信用購買利用組合である。協議の末、小売側の要求は受諾され、歩戻し金や割戻し金は金澤水産信用購買利用組合が管理することとなり、個人のリスクを全体でカバーする目的の「歩戻し金の積立て」などが実施された。野村はこの組合の初代組合長となる。当時の「設立者会議事録」によれば組合への参加希望者は36名で、決議録には北陸冷蔵株式会社との契約（冷蔵庫の共同購入）に関する記録もある。小売商単独ではとても無理なことが、組織を持ち、信用（資力）を得ることで実現できる組合の力が読み取れる。

ところが大正15年、3年間の割戻し金支払いの期限が終わると問屋側（金沢魚市場《うおいちば》組合）は先の契約終了を主張しはじめた。対抗する小売り側（金沢市魚商組合）は契約の続行と歩戻し金を従前の水準に引き上げることを要求する。これが第一次近江町争議である。このとき野村は自ら問屋を設立し、これまでの問屋を介さず市場内の小売りとの取引を行った。これが功を奏し、金沢市、玉川警察署までもが調停に乗り出した争議は小売り側の要望がほぼ認められ、歩戻し金を5％に増額したうえ支払保証準備金をさらに支払う（準備金は共同積立て金とする）という決着を見る。

第二次近江町争議が起こったのは昭和7（１９３２）年9月のことである。第一次争議の契約の「支払保証準備金を共同積立てする」との条項に積立金は魚商組合ではなく問屋側の債権であるとの主張がなされ、両者は再び激しく衝突する。威勢のよい魚屋同士の喧嘩である。この争いはついには魚安売り競争となり、「無茶苦茶相場ですさまじい安売り」「沸騰の魚合戦　魚の山を築いて威勢に踊る両市場」「気がひける安い魚の歳暮」などの新聞記事が連日登場している。その後行政や地元の料理屋組合が調停に乗り出し、暮れも押し迫った12月、ようやく解決する。

市場近くに祀《まつ》られる「市姫神社」には、野村の功績が刻まれた石碑（野村翁報恩鳥居碑）がある。「翌年設金沢水産産業組合以奨励勤倹貯蓄并充組合員之金融機関（翌年、金沢水産産業組合を設立、これをもって勤倹・貯蓄を奨励、併せて組合員の金融機関を充たす）」。時代が求めた組合の姿が伝わってくる。

（注）金澤水産信用購買利用組合については、金沢中央信用組合が平成28年3月8日にＡＮＡホリデーイン金沢スカイで行った講演「近江町市場を歩いて―近江町の不思議」資料のほか、橋本哲哉「野村喜一郎と対岸調査報告　ウラジオストクを中心に」（金沢大学経済学部論集　19（2）：59―79　１９９９年3月25日）を参考にした。

第8章　中小企業等協同組合法の成立

昭和20（1945）年8月14日、日本はポツダム宣言を受諾した。翌日、天皇による終戦の詔勅がラジオ放送により伝えられる。8月30日、連合国軍最高司令官マッカーサーは厚木基地に上陸し、GHQ（連合国軍最高司令官総司令部）のもと無条件降伏に基づく占領政策が遂行された。

GHQの政策方針は非軍事化と民主化であった。GHQは、財閥解体・農地解放・労働改革という、いわゆる戦後三大改革を始めとした諸政策を断行したのである。

また、戦前の大量な国債発行と、戦後の物不足はインフレに拍車をかけることになる。戦後直後の日本経済は、GHQによる経済改革と生活に押し寄せていたハイパーインフレに揺れ動いていたのである。

中小企業は経済の混乱の中、何ら救済されないでいた。こうした混乱のなか誕生したのが中小企業等協同組合法である。

独占禁止法と協同組合

石川啄木の『一握の砂』に「はたらけどはたらけど猶わが生活《くらし》楽にならざりぢっと手を見る」という歌がある。戦前の日本では「富めるものは富み、貧しきものは貧しく」といわれるように、一生懸命働いても生活は楽にならなかった。労働者の給料は安く抑えられ、貧富の差は拡大した。財閥など一部の大企業やカルテルなどで市場を独占され、不当に高く売ることもあった。貧窮していた人々は必要最低限のものしか買うことができず、国内の市場の狭さ（面積ではなく購買力を指す）から日本は新たな市場を海外に求めた。

これが海外への侵略にもつながったとGHQは考えたのである。もちろん、戦争の原因はそれだけではないが、戦後三大改革といわれる財閥解体、農地解放、労働改革はいずれもこうした貧富の差を是正し、中間層を拡大する政策だったのである。

こうしたなか、経済機構の民主化と市場の独占を防ぐために大きな役割を果たしたのが独占禁止法（私的独占の禁止及び公正取引の確保に関する法律）(1)である。富が、財閥や特定企業・団体に集中しないことを意図したこの政策は、戦後直後において日本経済の根幹をなし、富を再分配し貧富の差をなくすことに一役買った。

今でこそ「下流社会」などという言葉が使われる世の中になってしまったが、戦後の日本（1960年代から70年代）は貧富の差を是正したことで、「一億総中流社会」などと呼ばれた。飛びぬけて豊かな人も少ないかわりに生活に困窮する人も少ない社会を目指し、大衆消費財（テレビ、洗濯機、冷蔵庫など）を一世帯に一台ずつ購入できるといった国内需要（市場の拡大）の掘り起こしにもつながった。そして戦後、各企業は競争し、切磋琢磨することで国内のみならず世界を代表する企業を多く輩出したのである。

当時、この独占禁止法に協同組合をどう位置付けるかが議論となっている。協同組合であっても事業者同士の結合は禁止すべきという意見と、大企業の独占を抑制するうえでも中小企業の協同組合としての結びつきを積極的に認めるべきという意見の対立である。その結果、小規模の事業者・消費者の相互扶助を目的とする組織であることや、任意の設立団体とし組合員の加入脱退も任意であること、各組合員の議決権が平等であることなどを要件とし、協同組合は独占禁止法の適用除外とされた。

さらにこうした動きは、商工協同組合のみならず、金融機関である信用協同組合なども含めた中規模以下のあらゆる事業体が、相互扶助の精神に則《のっと》り民主的な原理に基づく協同組合に参加できる法律を検討するに至らしめたのである。

ハイパーインフレ渦中の中小企業

戦時下の日本は軍費調達のため大量の国債を発行し、多くの軍需工場に借金をして増産運動を遂行してきた。敗戦後、国はすべてを失い借金だけが残った。海外にいた兵隊や移住者たちも日本に帰国した。昭和20年には米の不作で生産量が激減したが輸入や移入は途絶されていた。資金不足に人口増、さらに物資不足が重なり、ハイパーインフレが起こったのである。

東京における小売物価指数によれば、終戦時の昭和20年を100とすると、21年は613、22年は1653、23年には4850となっている。3年間で物価が約50倍である。これに対し、昭和21年2月には金融緊急措置令（預金封鎖）、3月には新円切り替えと、政府は市場に出回る貨幣量を減らすのに必死になっている。さらに昭和21年3月には物価統制令などの諸政策を実施するが、事態が収束することはなかった。

当時の中小企業は、資材不足とともに資金不足にあえいでいたが融資を得られずにいた。戦後直後ということもあり泡沫的な企業も多く、担保不足や帳簿自体が不明瞭であるため経営動向がつかめないこと、将来が不透明なこと、さらに融資額が小口なため見向きもされないことなど、さまざまな理由で金融機関からの融資を得ることが難しかったのである。

この時期、中小企業への融資は勧業銀行、興業銀行、復興金融金庫や庶民金庫などが担っていた。しかし、その資金供給は十分とは言えなかった。昭和23年ごろの復興金融金庫をみると、中小企業への貸付は4億円程度。これは1企業につき１００万円ずつ融通しても４００企業にしか行き渡らないということである。また貸付先は中小企業のなかでも中位以上のレベル。零細な中小企業へ資金融通はなされていなかった。庶民金庫は貸し切った状態で回収不能となっており、開店休業の状態であった。こうしたなか非合法の金融機関（闇金業者）や泡沫的な金融機関が登場し、中小商工業者や庶民大衆は月当たり1割から2割、さらには3割以上もの高利でお金を借りていた。

中小企業の補強策
「協組法案」中旬国会へ

中小企業等協同組合法の国会提出を報じる新聞記事（『新潟日報』昭和24年4月8日、「新潟縣信用組合30年史」より）

政府は事情を認識しつつも、金詰りという現状にあるなか、闇金融の取締強化だけでこの問題を解決するわけにはいかずにいた。国会でも「非常に技術の優秀な工場であり、能率生産ができるような経験のある中小企業でも、実直に経営をやって赤字を出している」と問題視されるなど、中小企業を支える資金融通の仕組みが必要とされた。

さらに地方においても金融難は深刻な問題になっていた。一県一行主義のもと、各県の地方銀行の資金は県庁所在地に集中し、それ以外の地域への資金融通は全預金額の4割程度であった。地方の企業には長期資金が回らず、短期資金でようやくやりくりしていたのである。

昭和23（1948）年12月、GHQは経済安定9原則（①総合予算の均衡、②税収強化と脱税の取締り、③融資対象の復興に貢献する事業への限定、④賃金安定、⑤価格統制強化、⑥貿易と為替管理の改善と日本側への委譲の準備、⑦輸出振興のための資材割当の改善、⑧重要国産原料と工業品の増産、⑨食料供出の能率向上）を政府に指令した。これらの原則は、当時の物価高騰を抑制する狙いがあったが、これに準じた政策は大企業や輸出企業への優先的な融資を促すものであり、中小企業への金融は硬直化する事態となることが容易に予測できた。

このような経済状況のなか、中小企業の存続・育成を図り、競争力を強化するための措置が急務とされたのである。

中小企業等協同組合法の制定

中小企業金融をどのように展開していくか。中小企業への融資を専門とした銀行の設立が期待されていたが、現実的ではなかった。議論には大きく二つの流れがあった。

一つは、どのようにして融資を可能にするかという点からの議論である。戦後直後の資金不足のなか、「担保なし」「実績なし」の中小企業に対し、どのようにして融資可能な条件を整えるのか。担保以外で信用をどのように補完するかという点が課題であり、信用保証制度の構築が検討されたのである。たとえば、中小企業個々では得ることが難しい信用を連帯責任とすることで融資しやすくする仕組みや、中小企業が親企業（あるいは問屋）の信用を通じて資金の融通を得る方法が模索されている。

もう一つは信用協同組合の組織化であった。戦前から実績のある信用組合をより広範囲に展開することで目利き力に期待したのである。地元に密着し、組合を組織して組合員同士が融通し合う相互扶助金融は、お金のない政府にとってうってつけの政策だった。

かくして中小企業等協同組合法が制定[2]された。同法は農業、水産業、消費生活の三つの協同組合を除いたすべてを包括した協同組合のための唯一の組織法とされ、信用組合以外の中小規模の事業者、勤労者、その他の協同組織が対象とされたのである。協同組合は独占禁止法や事業者団体法などとは一線を画す小規模事業者の相互扶助組織と規定された。

この時、市街地信用組合に対する取扱いが問題となっている。当時の国会審議をみると、愛知銀行局長は「市街地信用組合は資金量も豊富で、全国に340も存在している」ことから信用協同組合に編成することに難色を示している。ほかにも「市街地信用組合は協同組合の理念がありつつも金融機関としての側面も強いため、独立させたほうがよい」という意見もあった。国会での厳しい議論の末、市街地信用組合も相互扶助理念を含み込んだ協同組合としての性格を有するとされ、信用協同組合への編成が決められた。昭和18（1943）年、市街地信用組合は市街地信用組合法が制定されたことで産業組合から独立したが、ふたたび信用組合に戻ったのである。

中小企業等協同組合法は民主的な活動を建前としたため、農業協同組合法と同様に組合の自主性を尊重し、政府の干渉を極力排除することが理念であった。このため、金融機関である信用協同組合には「協同組合による金融事業に関する法律[3]」による規制が設けられ、大蔵大臣の監督とすること、検査・報告などは従前どおり銀行と同様とすること、営業免許を必要とすることなどが定められた。

さて、この法律は当初「中小企業協同組合法」であった。中小企業者のみをもって組織することが想定されていたが、本法に包摂された市街地信用組合には勤労者その他の組合員がいたこと、勤労者のみを対象とする信用組合も存在したことなどから、法律の名称に一字が加えられた。「等」にはこのような意味があったのである

（1）昭和22年4月14日法律第54号。協同組合等の適用除外規定は第22条。
（2）昭和24年6月1日法律第181号。
（3）昭和24年6月1日法律第183号。

第9章　中小企業等協同組合法制定後の金融事情と信用金庫の成立

　昭和24年6月1日、中小企業等協同組合法が制定された。しかし、多くの中小企業は依然として資金不足であり、倒産の危機にあった。中小企業は資金の貸し手がないことから闇金融に頼らざるを得ず、その金額は50億円以上、資本総額の25％が「闇金、または闇金に準ずる資金」と言われていた。

　その対策の一つが信用保証制度の整備である。親工場が下請け工場を、問屋が小売業者を保証する仕組みを作ることで、銀行が中小企業に対し融資を行いやすくしたのである。

　ドッジラインの推進は、予想通り中小企業の資金繰りを圧迫した。ところが、中小企業等協同組合法に基づいた信用組合の創立は、期待したように認可が下りていない。認可に慎重なのは、金融機関に不具合があると市民生活に大きな影響を与えるからだ。結局、金融逼迫の状況を打開する方策が、信用組合（信用協同組合）から旧市街地信用組合を独立させることであったのである。

ジョセフ・ドッジ

戦前の国債大量発行や終戦直後の物不足などを原因とするハイパーインフレは、昭和24（1949）年になってもとどまることを知らなかった。米国の対日援助（対日援助見返り資金）と大量の政府補助金（価格差補給金）により、市場の通貨量が慢性的に膨張したためである。この二つによって支えられていた経済のことを、来日したジョセフ・ドッジは竹馬経済と呼んだ。「折れると、転んで大ケガをする」と、当時の日本経済に警鐘を鳴らしたのである。そして、ドッジはこの二つを取り外して、日本経済を地に足のついたものにしようとした。これがドッジ・ラインである。

来日したジョゼフ・ドッジ夫妻を歓迎する池田勇人蔵相

ドッジはデトロイト銀行頭取であり、戦時中には米国の軍需契約価格調整委員長、終戦後は西ドイツの通貨政策を担当した実績を持っていた。昭和24年2月、ドッジは2度にわたる辞退の末、GHQの金融政策顧問に任ぜられ来日する。

ドッジは補助金全廃方針を掲げた。対日援助物資の売払い代金を積み立て、その基金（見返り資金）を従来の補助金ではなく、重要産業振興資金や外国為替需要調節に充てたのである。また、重要産業に巨額の融資を行っていた復興金融金庫の新規貸出を中止する。国債の償還も含めた歳入と歳出を一致させる超均衡予算を推進した。さらに1ドル360円の単一為替レートを設定する。これにより日本通貨（円）は安定し、貿易における為替リスクの不安が減った。そして日本経済はドル経済圏の一つとして位置付けられることになったのである。

信用組合史などには「ドッジ・ラインによって中小企業等協同組合法が制定された」とする叙述が見られるが、正確ではない。ドッジの来日は2月であるが、6月に公布・施行された中小企業等協同組合法は5月には衆議院・参議院を通過しており、それ以前から議論されていたのである。ドッジ・ラインの影響は、これから述べる中小企業等協同組合法制定後の次の段階に進むステップとなったと考えたほうがよいだろう。

ドッジ・ラインの影響

ドッジ・ラインの結果、戦後経済を悩ませたインフレは終息した。大病に劇薬を使えば副作用がある。ドッジ・ラインにも副作用があった。すなわち、金融機関による貸出は極端に限定され、逼迫《ひっぱく》したのである。企業の資金繰りは厳しい状況が続いた。倒産、整理した中小企業は1万1000件、解雇者も51万人にも及び、「安定恐慌」と言われた。その2年後の昭和27年11月27日、当時通産大臣だった池田勇人は、第15回国会本会議において、「インフレ経済から安定経済に向います時に、この過渡期におきまして、思惑その他の、普通の原則に反した商売をした人が5人や10人破産することはやむを得ない」と発言する。これがマスコミに「中小企業の一部が倒産してもやむを得ない」という発言として受け止められ、厳しく批判される。結果、不信任案が可決され、池田勇人は通産大臣を辞任する。

信用協同組合（信用組合）認可をめぐって

歴史を回顧すれば、ドッジ・ラインは戦後の日本経済の発展を考えるうえで重要な政策であり、高度経済成長への基礎として位置付けられるだろう。しかし、その影響は当時の中小企業に大きくのしかかっていた。慢性的な資金不足、闇金への依存は深刻をきわめていた。市中銀行は資金があってもリスクの高い中小企業への融資は行わない。戦後直後の復興に伴う購買力も落ち着きを取り戻しつつあり、需要は伸びなくなっていた。こうしたなか、ドッジ・ラインが加わることで中小企業の経営難に拍車がかかったのである。日本の企業総数のうち中小企業は6割から7割以上を占めたが、金融面における資金供給は全体の2割程度。安定恐慌の次善の策として中小企業等協同組合法が制定されたが、信用協同組合の設立は期待どおりに進んではいなかったのである。

昭和25年4月の段階で、信用協同組合として認可されていたのは６２９組合。市街地信用組合からの改組が４３５組合とほとんどを占め、産業組合（いわゆる準市街地信用組合）からの改組が１３６組合、商工協同組合（商工協同組合法により金融事業を兼営する組合）からの改組が16組合である。業態別には認可された信用協同組合のうち地域協同組合が５８６組合、職域組合が19組合、同業者組合が24組合であった。新たに設立された信用協同組合はわずか42組合しかなかった。本来は５００組合程度の信用協同組合の新設を期待したのだが２００組合ほどしか申請されなかったのである。

また、市街地信用組合は、商工業金融と言いながらも市街地における商業金融が中心であった。工場金融（工場施設に対し運転資金などを融通する金融）を期待した信用協同組合は、ほとんど認可されなかった。認可機関である大蔵省の設立認可が厳格すぎたため信用協同組合設立はその審査段階で落とされていたのである。

深刻な金融梗塞の状態にありながら信用協同組合新設の認可が遅延している状況は、国会でも大蔵省への批判として集中した。大蔵省と通産省の縄張り争いのため信用協同組合の認可を遅らせているという意見すらあった。しかし大蔵省にも言い分があった。『『大蔵省が認可した』といういわばお墨付きを与えることで、市民に対し実態とは異なる信用を与えかねない」ため、信用協同組合を金融機関として認可するには厳格にならざるを得ないというのである。信用協同組合が一つでも破綻すれば、業界全体に影響を及ぼす。組合員以外の貯金を預かるという観点からすれば、他の金融機関と同様に厳格な審査を行わざるを得なかった。しかし、こうした大蔵省の主張にも、議員からは「預金者の利益を擁護するという名に隠れて、既存の金融業者のみを擁護している」、「厳重にして実行不可能の基準を作るということは、協同組合が設立された根本趣旨に反する」など厳しい批判が相次いだ。

組合員金融と国民大衆のための金融の分離

信用協同組合の位置付けをめぐっては、二つの意見がジレンマとなっていた。

一つは「相互扶助の精神を基調として協同して事業を行うことが根本精神であり、それに基づいた信用組合をもっと設立すべき」という意見である。「信用協同組合は中小商工業者が寄り合って行う自己金融であり、信用できる者同士が相互に融通し合う点に本質がある。だから運営上の難点がある場合には監督の必要があるものの、通常は事業者の自由意思と人格、民主的に運営する能力を信頼すべきである」という意見である。

もう一つは、「市街地信用組合が中心となって培ってきた信用組織を発展させ、金融機関の要素を盛り込んだ信用組織を維持」する。すなわち、金融事業により配慮すべきという意見である。本来であればゆっくり時間をかけて解決すべき二つの意見だが、当時の経済状況はそれを許さなかった。

そして、信用協同組合を二つに分けるという案が出されたのである。旧市街地信用組合（組合員外の預金の受入れが可能。銀行に準じる機関であり設立に厳格な規則がある）と、産業組合法に基づく組合（員外預金を扱わず、手形も扱わない）の二つに分けるべきとしたのである。一方は一定の地域を基盤としてその地域内における国民大衆のすべてを相手に預金を受け入れ、組合員（会員）に対する貸付を行うという、小さな貯蓄銀行的・中小企業専門の金融機関である。大蔵省としても厳格な免許制度をとるようにし、銀行に準じた健全性を維持させる。

もう一方は、個々の関係をより重視し、組合員だけの預金を扱うものとして設立認可を比較的容易にするというものである。特に職域の組合や同業者（業域）の組合は、よそからの干渉を受けずに自主的に運営したほうがよいとされ、この点については「お互いの顔見知り主義ということにより十分実質上の信用ということは図り得る」という意見が出されている。零細企業の弱点である担保力や人的信用を人的繋がりである組織でカバーしようとしたのである。

かくして、制度的にも機能的にも協同組合の理念を超えた金融機関の設立が提起された。これが信用金庫の端緒である。中小企業等協同組合法のもと信用協同組合の傘下になっていた市街地信用組合は、再び、信用金庫として信用組合から脱皮したのである。

そして同時に、あくまでも中小企業金融の特殊性に配慮し、相互扶助・協同理念に立脚して員外預金の取扱いを禁じるとともに、組合の自主性を認めた信用組合も必要とされた。これが現在の信用組合の起点となった。この時、信用組合の監督機関は原則として大蔵大臣から都道府県知事（地方行政）に移管された。

昭和26（1951）年6月、信用金庫法が成立。これを受け、昭和28年6月14日までに653の信用組合のうち560が信用金庫に改組された。この時、信用組合としてそのまま残ったのはわずか72（注）であった。

（注）労働金庫法制定により労働金庫に転換した4組合を含む。

第10章　合併と分離、そして統合

相互扶助は人類の営みにおける普遍的な行動である。わかりやすい考え方で多くの人々から共感を生む。相互扶助を基調とした組織は日本のみならず世界中に存在する。そして組織はまるでアメーバーのように「拡大」と「分裂」を繰り返す。産業組合法の下にあった信用組合は、市街地信用組合、農業会などに枝分かれしながら独自性をもたせ、信用金庫、農業協同組合へと姿を変える。そして戦後には労働金庫が、信用組合から分離・自立を果たす。

そして残された信用組合は、再び新たな信用組合を増設しつつ、それを支える中央系統機関の設立に動き出す。

四つの「協同金融」

明治33（1900）年、産業組合法の制定により主として農村部に産業組合が設立された。その後、産業組合法下の信用組合は拡大するが大正6（1917）年、都市部の中小企業向け産業組合として市街地信用組合が組織される。昭和18（1943）年、市街地信用組合は単独法により独立するが、戦時中という時代背景の中では自主的な組織とはなり得ず経済統制機関として機能した。同年、農村部にあった産業組合も農会と統合され、すべての農家が強制加入される農業会となった。

戦後、いち早く単独法を持ったのは農業協同組合である。昭和22年、農業協同組合法（11月公布、12月施行）が制定すると農業会は農業協同組合に改組する。翌年、消費生活協同組合法（23年7月公布、10月施行）、水産業協同組合法（23年12月公布、24年2月施行）が相次いで制定され産業組合法は廃止となった。

中小商工業者への金融の円滑化を図ることを目的とした中小企業等協同組合法（24年6月公布、7月施行）の制定により、市街地信用組合は同法の信用組合に併合されるが、26年に信用金庫法（6月公布・施行）制定とともに再び分離する。さらに28年には労働金庫法（8月公布、10月施行）が制定され、中小企業等協同組合法から労働金庫が分離した。これが現在の四つの協同金融（信用組合、JAバンク、信用金庫、労働金庫）の起点となる。

農業協同組合（JAバンク）

農業協同組合の前身である農業会が産業組合と農会を統合した組織であることは先に述べた。農会は、農業技術の改良発展を意図して設立した農業指導団体であった。一方、新たに発足した農業協同組合は、農業就業者の自主的な組合組織であり、農会とは根本的に性格を異にしていた。

戦後に設立した農業協同組合には、単に産業組合の延長とは言えない重要な役割があった。農地解放への対応である。

戦前、わずかの地主と多くの小作人によって行われていた農業生産構造は、戦後、農地解放によって小作人が自らの耕地を得て自作農になるよう大転換した。こうした農民が再び小作に転落しないため、農業協同組合には農民（稲作のほか果樹など商品作物を含む農業全般および酪農業など）を支えるという任務があった。

そのため、農業協同組合は大きく三つの事業を行った。一つは共同購入、共同販売である。地域が産地としてブランドを得るためには、農作物などを一括して市場へ販売する取組みが大切になる。それが共同販売である。また、必要な肥料や農業機械など、農業の生産や生活に必要な物を一括で購入する共同購入も行われた。

二つ目は信用事業である。貯金と貸付業務を基本とし、農民の貯金を集め、種苗や農業機械の購入資金などを低利で融資することにより農業を支えたのである。

三つ目は共済事業である。生命保険や損害保険などの保険事業を行うことで、災害や不慮の事故があっても過剰な損害を受けないよう農民のくらしを支える仕組みを持った。さらに農業協同組合は福祉や旅行業なども手掛けており、信用組合に比べ事業は幅広く多岐にわたる。

高度経済成長期に農業構造改善事業を推進したのも農業協同組合であった。たとえば瀬戸内海にある生口島《いくちじま》（広島県）では、従来の稲作や煙草などさまざまな作物の生産を柑橘業に特化している。作物は組合の持つ選果場に集め、品質別に選別したうえで市場に出すシステムを構築した。この一括した管理により産地が形成され、農家は高い収入を得ている。農業協同組合が地元において農家からの高い信頼を得ている理由はここにある。農業協同組合は巨大な組織であるとともに農業をより豊かにし、農家を守るべき手段（事業）を持ち合わせている。だからこそ、農業協同組合には、農業において何が大事かを考え、どう行動すべきかの指針を示すことが常に求められるのである。

労働金庫

一般に、労働金庫は労働者を対象とした協同金融の印象が強い。しかし戦後最初の労働金庫といわれる岡山県勤労者信用組合の設立経緯を見ると、生活協同組合（岡山県生協連）の呼びかけに応じて労働組合、中小企業者、その他の団体が結集して誕生しており興味深い。

神田錦町時代の全信組連本店（昭和29年4月〜31年3月、全国信用協同組合連合会『十年の歩み』より）

生活協同組合は、戦前の産業組合（消費組合や購買組合）の流れを汲むものであり、戦後直後の物資不足の中、重要な役割を期待されていた。しかし、実際は50名未満の任意の小組合であり、規模も資金も脆弱《ぜいじゃく》であった。

昭和23年になると消費生活協同組合法が制定されるが、事業内容は限定的であり、信用事業は認められていなかった。戦前は産業組合法の下、農林中央金庫を系統金融機関として利用していたが、産業組合法が廃止されたことで依拠する金融機関が失われた。このため、庶民金庫を改組して設立が準備されていた国民金融公庫に期待を寄せたが、大蔵省の反対もあり不調に終わっている。そこで次に期待を寄せたのが、当時、設立を模索していた「労働者のための信用組合」に相乗りする形で信用機能を得ることであった。

岡山県勤労者信用組合が内認可申請書を提出したのは昭和24年10月のことである。その後、8か月もの間折衝が行われ、設立総会が開催されたのは翌年6月、信用組合として営業を開始したのは9月1日であった。なお、兵庫県でも同年11月に兵庫県勤労信用組合の設立総会が開催されている。

岡山県勤労者信用組合は、生協運動として大きな意味があった。また、中小企業者を加えており、労働金庫の前身として消極的な評価もある。戦前にも労働者のための信用組合として佐久間式信用組合（第5章参照）や、大正10年に東京市の認可により設立された信用組合労働金庫などがあったが、結果として続くことはなかった。岡山県勤労者信用組合は、勤労者が自主的に金融を行いうる組合が設立され、労働金庫が各地で設立する弾みとなったという点で高く評価できるだろう。

同じ時期、労働組合が中心となり勤労者による自主的金融機関の設立が叫ばれた。昭和26年には北海道をはじめとした1道5県、昭和27年には東京都、大阪府（2組合）をはじめとして15都府県に、昭和30年には沖縄を除く全国46都道府県に労働金庫が設立されたのである。

かくして、信用組合・信用金庫が中小企業金融を担うのに対し、労働金庫は労働組合、消費生活協同組合その他労働者の団体の行う福利共済活動のために金融の円滑を図り、その健全な発達の促進と労働者の経済的地位の向上に資することを目的とする「はたらく人の金融機関」の道を歩むことになった。

信用組合独自の中央系統機関の設立

さて、再び信用組合に話を戻そう。

信用金庫法の制定により、653あった信用組合のうち約9割が信用金庫に改組した。同時に、戦前に設立された全国信用組合協会は全国信用金庫協会に、全国信用協同組合連合会は全国信用金庫連合会（現・信金中央金庫）に改組されたため、残された信用組合の意見を集約し主張する業界団体が求められた。そこで昭和27（1952）年1月、事業者団体法に基づく全日本信用組合協会を設立、同年8月には社団法人として認可される。以後、同団体が員外預金の制限撤廃運動など信用組合の改革を主導していく。

一方、金融面では、個々の信用組合では対応しきれない政府資金（政府指定預託等）や都道府県の預託金、政府系金融機関の代理業務が多く、地域間や季節、業種間の資金需給の調整も必要であった。金融機関ではない全日本信用組合協会は系統金融業務を取り扱うことはできず、せっかく政府資金の導入を図っても商工組合中央金庫の窓口を利用して受け入れるしかなかった。ゆえに信用組合業界独自の中央金融機関が必要になったのである。

昭和28年4月、西日本の信用組合をとりまとめていた大阪府信用組合協会が全国信用組合連合会[1]の結成を提案する。東日本の信用組合を東京都連合信用協同組合[2]がとりまとめる形で進められ、東西の設立準備委員会による協議、設立への陳情などを経た昭和29年3月、全国信用協同組合連合会は設立された。連合会の設立を機に、全日本信用組合協会は社団法人全国信用組合協会に名称変更、連合会と同じ場所に移転する。

さて、当時、信用組合の全国的指導機関としては社団法人全国信用組合協会のほかに、昭和31年4月に設立された全国中小企業団体中央会(3)（以下「全国中央会」）信用組合部会があった。前者は会員数が全信用組合の半数を得るに至らず、後者は事業協同組合志向が強い全国中央会の組織の一部であった。そこで、十分な指導能力を持ち強力な政治活動も行いうる中央団体の設立が望まれたのである。かくして、昭和34（1959）年、両団体の事業を吸収、一元化を図ることを意図した全国信用組合中央協会(4)が設立されたのである。

ここにようやく、信用組合を支える車の両輪が備わった。

（1）当初案では「協同」の2文字はなかった。
（2）全国信用金庫連合会設立に伴う業界独自の連合会喪失を補うため、連合会機能を果たす機関として都内信用組合が設立した信用組合。
（3）「工業組合中央会」（昭和8年）と「商業組合中央会」（昭和13年）が昭和18年に統合した「商工組合中央会」が前身。中小企業等協同組合法が制定されたことから、中央会は同法および「中小企業団体の組織に関する法律」により昭和31年に法制化。
（4）社団法人化は2年後のことである。

第11章　決　断

信用金庫法の成立により、653あった信用組合のうち560が信用金庫となり、21は合併または解散した。残る72組合が戦後における信用組合発展の起点となった（うち、4組合は労働金庫に転換）。

この72組合のうち職域信用組合・業域信用組合は、信用金庫への移行の対象外とされていた。そして地域信用組合には個々の事情があった。大蔵省の指導に従えば信用金庫に移行することができるのであるが、創立の理念を鑑みて信用組合に踏みとどまったものや、当時の地元の課題を重く受け止め信用金庫への移行を断念する信用組合もあった。

戦後日本は改革が推進され新たな制度が登場する。新しい日本社会・地域・人々をより よい方向へ導くため、信用金庫に移行すべきか、信用組合個々においても少なからず決断を迫られたのである。

協同組織と金融機関

戦後に起きたハイパーインフレには、物資不足に加え、戦前からの金融政策が大きな影響を与えていた。特に戦時中に発行された大量の国債は、通貨量を膨張させ、通貨の信用を悪化させインフレを招いた。戦後の物価高騰対策として行われた価格差補給金などの取組みもインフレを進行させる要因となった。こうしたインフレを断ち切るために行われたのがドッジ・ラインであった。歳入に応じ歳出を極力抑えた超均衡予算が実行されたのである。

当時の政策は、傾斜生産方式など重工業の復興を優先したため、中小企業に対する配慮は低く、ドッジ・ラインはこの状況にさらに拍車をかけた。

そこで中小企業への金融の担い手として期待を寄せられたのが信用組合であった。昭和24（1949）年、中小企業等協同組合法の制定により信用組合の設立が積極的に後押しされるが、金融機関であることを重視する大蔵省の審査基準は厳しく新設は伸び悩んだ。そこで昭和26年、信用金庫法制定により信用金庫の監督機関を大蔵大臣に、信用組合の監督機関を原則として都道府県知事にしたのである。その結果、相互扶助の精神に基づく協同組織であることに重点が置かれた信用組合の設立は、信用金庫に比べ緩やかな基準となったが組合員以外からの預金の受入れは禁止された。一方、信用金庫には会員外からの預金の受入れが認められ、協同組織より金融機関としての性格が強められたのである。

大正時代から続く職域の歴史
――福岡県庁信用組合の事例

さて、信用組合には職域、業域、地域の三業態があるが、このうち最も長い歴史を有するのが職域信用組合である（大正5年1月に設立された岩手県の杜陵《とりょう》信用組合）。これらの信用組合の金融活動は中小企業に向けられたものではなく、勤労者の生活資金や住宅資金に充てることを意図していた。この時期、県や市などをはじめとした自治体や会社の従業員の福利厚生や購買事業などの生活環境の改善を目的に信用組合を設立したものが多かった。

福岡県庁信用組合の事例を紹介しよう。この組合は、福岡県知事以下県庁内の部課長20名が中心となり大正11（１９２２）年10月、有限責任福岡県庁信用組合として発足した。大正14（１９２５）年には、組合員の便宜を図るため文房具、雑貨、日用品、食料品の購買斡旋《あっせん》をする購買部を設け、名称を有限責任福岡県庁信用購買組合に変更。昭和10（１９３５）年には総組合員の同意により有限責任を保証責任に変更、１口当たりの出資金を5円とし債務完済不能時における各組合員の損失負担割合を保証金額に応じることとした。同年、売薬請売営業を開始、その後も組合員の健康維持のために医療設備を設置するなど事業を拡大し、保証責任福岡県庁信用購買利用組合に改称している。さらに切手や印紙などの販売（売店の開設）、建康相談事業などを行う診療所の開設も行い、戦後となる昭和23（１９４８）年には１口当たりの出資金を50円とするとともに自転車の預かり、靴修理、時計修理、理髪などの設備を整備した。そして昭和23年の消費生活協同組合法の制定、翌年の中小企業等協同組合法の制定により購買利用事業は職員互助会へと譲渡する。金融事業だけが福岡県庁信用組合として行われることとなった。

同業者のための金融機関設立の歴史
――東浴信用組合の事例

公衆浴場（銭湯）の経営者たちが相互扶助の理念から立ち上げた、東京浴場信用組合（現・東浴信用組合）の事例を紹介しよう。

この信用組合は大正15（1926）年4月、関東大震災後の不景気や零細企業の金融難などを打開するため、「自分たちの金融は自分たちで行う」ことを目指し、東京浴場組合の有志たちが発起した。認可がおりたのは昭和2（1927）年のことである。もともと融資を期待した組織のため、常に経営は厳しく、当初は産業組合中央金庫（現・農林中金）からの借入金に支えられていた。借入金がなくなり、信用組合の預金が貸出金を上回るのは昭和18年のことである。その後、戦災により事務所は転々とし、昭和21年に千代田区東神田に事務所を設立したときは26坪の木造平屋建てのバラックであった。

2900軒近くあった公衆浴場は終戦時、400軒程度に減少していた。東京浴場信用組合としては資金がなく、社団法人東京都公衆浴場復興協会を設立し、常盤無尽株式会社（現・東日本銀行）の協力を得て仲間無尽形式の団体を組織し、常盤無尽からの借入金を受けることで危機を乗り越えた。当時の公衆浴場は燃料不足にあったが、軒数が少ないため店を開けば入浴客が殺到したという。東浴信用組合は業域信用組合として、公衆浴場というインフラの復興に大きな役割を果たした。

中小企業等協同組合法の認可第1号
――新潟縣信用組合の事例

中小企業等協同組合法の制定により信用組合の新設促進を意図したものの実際にはなかなか認可がおりず、中小企業が資金不足による経営難に陥ったことは先に記した。そうしたなか、昭和25（1950）年2月に大蔵省認可第一号として設立したのが新潟縣商工信用協同組合（現・新潟縣信用組合）である。

新潟県における戦後直後の中小企業金融は新潟県商工組合中央会、その後は新潟県商工業協同組合連合会が担い、さらには工業組合や商業組合等の系統金融機関として設立された政府系金融機関である商工組合中央金庫（以下、商工中金）を誘致している。しかし、当時は商工中金自体が政府資金の導入を停止しており融資枠も狭く、各企業に対し必要な事業資金を得るのは困難であった。

そのようななか、県一円を営業区域とする信用組合の設立が計画された。エリアを新潟県一円とした理由は、特定の地域の中だけでは資金が不足してしまい、中小企業金融に対応しきれないという判断による。他県からも広域信用組合設立の陳情が出されていたが、大蔵省としてはまず新潟県での設立をモデルとすることで進められている。その後、同年11月には茨城県商工信用組合、昭和26（1951）年3月には兵庫県商工信用組合といった広域信用組合が相次いで新設されている。

広域の信用組合設立については課題もあった。たとえば、三条市にはすでに市街地信用組合があったため、大蔵省はこの地域を営業エリアから除外するように指示している。三条市については特認されたものの、市街地信用組合のあるほかの地域での営業は認められず、市町村を点と線で結んだ範囲とすることが指示されている。また、組合名についても当初の新潟縣信用組合からの変更が求められ、新潟縣商工信用協同組合の名称で許可された。新潟縣信用組合への名称変更が叶《かな》うのは昭和34年のことである。

大蔵省は、広域信用組合設立の基準を組合員数300名以上、出資金200万円以上としていた。当組合の目標値には届かなかったものの創立総会当日の組合員数は1832名、出資金395万9000円を集めた。また、県内各地区の中小企業関係の有力指導者を役員や総代に網羅するとともに、顧問には新潟財務部長や県副知事、日本銀行新潟支店長、新潟県商工組合中央会会長などが就任しており、組合の信用力を高めた。事務担当職員の半数近くは県や市町村、商工団体からの出向者が担い、開業の翌月（5月）には県から1000万円の預託を受けている。

新潟縣信用組合は県や市町村の強力な援助のもと、大蔵省の認可に至ったのである。

なぜ信用金庫にならなかったのか？
――新潟縣信用組合、山形中央信用組合の場合

信用金庫への改組の議論がなされたとき、新潟縣商工信用協同組合理事会は満場一致で信用金庫への移行を可決している。しかし大蔵省はこれを認めなかった。その一番大きな理由は、県を単位とした広域の営業地区であることが他の信用金庫との関係に影響を与えるというもので、信用金庫への移行を具体化するならば、一市一郡程度の地区に縮小するようにとの要請がなされたのである。設立して約1年半、ようやく事業も軌道に乗り、新潟県下の各地では支所増設を希望する事業者が多いなか、地区を縮小することは困難であった。認可機関である関東財務局との調整も難航をきわめ、とうとう

新潟縣商工信用協同組合は信用金庫への移行を断念する。

地域信用組合として昭和26年5月に設立した置賜《おきたま》信用組合（現・山形中央信用組合）は、開業してすぐに信用金庫への改組をするか否かの決断に迫られた。

当時の西置賜地域では、産業組合が農業協同組合に再編成されたため農業者以外は借入ができなくなっていた。しかも、地元地方銀行の合併により支店が減少していた。そこで中小企業金融を活性化するために、西置賜全域から発起人を集め置賜信用組合を設立したのである。

信用金庫法が制定され、県下にあったすべての信用組合は信用金庫に改組している。この時、置賜信用組合は信用組合に残ることを決断する。そこには信用金庫になるためには信用組合より高い出資金の基準をクリアしなければならず、創業間もない同組合ではさらなる増資は難しかったという理由もあったが、地元の事情に理解がある山形県の監督下に移行できるメリットもあった。さらに組合員の中には、信用金庫に移行することで気楽に訪ねることができる組合の雰囲気が失われ、地域の零細企業が離れてしまうのではないかと不安を抱くものも多くいた。

山形中央信用組合は、地域信用組合として踏みとどまることが、地元の期待に応えるという創業の理念を実現する道であると判断したのである。

〈参考資料〉
「福岡県庁信用組合の沿革」、『東浴信用組合のあゆみ（70年史）』、『新潟縣信用組合30年史』、『山形県中央信用組合30年史』

第12章　すそ野を支える信用組合

信用組合と信用金庫の分離後、続々と各地に信用組合が設立された。昭和44（1969）年には542組合とピークに達する。その後は統廃合が繰り返され、平成29（2017）年2月末現在の組合数は152となった。

信用組合は職域、業域、地域の三業態に性格付けされるが、その成り立ちは実に多様である。現在、設立当初の性格とは必ずしも一致しない場合もあるが、その設立には重要な意味があった。

最近は、機関・組織の強化が重視されることで、資本増強を意図した金融機関の合併が推進されている。ただ、戦後日本の混乱期、そして復興期には、むしろ、小回りが効き、特定目的に資金を融通できる信用組合は、より積極的に評価すべきだろう。

最終章は、信用金庫法施行後に設立され、現在まで続いてきた信用組合の設立の経緯を通じて、果たしてきた信用組合の役割を紹介していくことにする。

職域信用組合が必要とされた背景
――警察官のための信用組合

昭和27（1952）年3月に設立された警視庁職員信用組合は、警視庁職員が組合員となる職域信用組合である。相互扶助の精神を養い、臨時の出費に際しては必要資金を貸し付けることで、生活に不安を与えず、生活を満たすことこそが、安心して警察官としての任務を遂行できるとの考えから設立された。

同組合の年史によれば、設立当時約2万人を対象に行ったアンケートでは、負債件数は延べ8800件あったとされる。その半数以上は生計困難や住宅にかかわる借金で、職員の借入先の内訳は、当時署内に組織されていた署員会から借り入れるのが2000件程度で、半数以上は親戚や知人からの借金であった。さらに約5％もの職員に質屋や高利貸しなどからの借財があった。日本全国、多くの人々が経済的に不安定な生活を余儀なくされた時代とはいえ、町の安全を守る立場の警察官が高利貸しなどから借金をすることは望ましいことではなかった。そこで、すでに設立されていた大阪府警察信用組合や宮内庁信用組合などを調査し、確認したうえで信用組合設立の提案がなされたのである。

設立に先駆け職員に賛否を問うたところ、7割近い職員は賛成したものの3割からは反対の意が表明されている。さまざまな理由の一つには、すでに警察署や警察学校などには小規模ながら貯金を集め、お金に困った人に貸し出すシステムがあり、かえって不便になるかもしれないといった意見もあった。協議の末、警視庁職員を組合員（原則）とし、営業地区を東京都一円、1口当たりの出資額を50円とする案が通り信用組合が設立されたのである。

開業は3月7日であったが、31日までのわずか25日間で、組合員からの融資の申し込みは2043人（希望金額2750万円）にも上った。結局1436人（貸付金額989万円）までしか貸し付けることができなかったとの記録から、貸付制度がいかに必要とされていたかを窺い知ることができる。

業域信用組合が必要とされた背景
――医業のための信用組合

大阪府医師信用組合は大阪府医師会が中心となり設立された業域信用組合である。

敗戦直後、日本は何もない時代であった。人々は食糧難に苦しみ栄養失調となり、結核や赤痢などの伝染病が蔓延《まんえん》した。ところが医療機関は財政難に加え、健康保険の利用者が急増したことで保険医の収入の7～8割までが保険診療報酬金となり、診療から収入までに約2か月の資金的ズレが生じ資金繰りに苦しんでいた。

人々をさらに苦しめたのが昭和25（1950）年秋に大阪を直撃したジェーン台風である。多くの医療機関が甚大な被害を受けたにもかかわらず、政府の支援は産業優先であった。銀行は医療機関への融資を貸し渋り、大阪府も医療機関を救済対象として優先しなかった。こうした事情から、医師会は「自らの金融機関」を必要としたのである。

大阪府医師会のもと、医師の金融事情を豊かにすることを目的とした信用組合設立を決定したのは昭和26年3月のことである。しかし設立に必要な組合員300人、出資総額500万円を集めるのに苦労した。創立総会が開かれたのは1年以上が経過した昭和27年12月のことである。

当初、大阪府医師会館の図書室を店舗にして開業したという同組合は、設立後15年間は容易に飛躍せず雌伏期であった。この理由について同組合年史は、「第一期のころは医師一般の医師信用組合に対する関心が薄く利用者も少なく、酷評すれば頼《たの》母《も》子《し》講《こう》の域を出ない程度のものであった」と述べている。そしてこの雌伏の姿勢こそ、その後の堅実経営につながったのではないかと振り返る。

「必要な時に借りることのできる仕組み」を持っていることは、開業医＝個人経営者が多い医業にとって強みであると言えるだろう。大阪府医師信用組合は今も60％を超える高い預貸率を維持し医業を支えている。

組合には金庫にはない良さがある
――札幌中央信用組合の事例

札幌中央信用組合は昭和28（1953）年8月、札幌市内の狸小路商店街に所在する繊維業者や呉服業者の人々が中心となり設立された信用組合である。

信用金庫法が制定された昭和26年当時、札幌には屯田兵が開拓した山鼻地区を発祥の地とする札幌信用組合（当初は山鼻信用組合、現・札幌信用金庫）、北海信用組合、札幌商工信用組合の三つが存在した。これらはいずれも信用金庫に転換するが、ほどなく「信用組合には信用金庫にはない良さがある」との声が高まり、当時、札幌信用金庫の総代を務めていた二人の経済人が呼び掛け、繊維業者たちが中心となり信用組合の設立が目指されたのである。こうして業域の信用組合である札幌繊維信用組合として設立されるが、設立の1年後、地域のニーズに応えるため地域信用組合に転換、中央信用組合に改称する。このように当初は業域として設立され、のちに地域に転換した信用組合も少なくない。

同組合は信用金庫と比べれば小規模ながらも、地元の小規模事業者にとって、なくてはならない信用組合として、今も札幌に根付いている。

復興の礎《いしずえ》として
――広島市信用組合の事例

昭和20（1945）年8月6日、広島に原爆が落ち、市街地は文字通り焦土と化した。それから約7年後の昭和27年4月、広島市信用組合は広島県知事に設立の内認可を申請する。この申請書では設立が必要な理由として、当時広島市内にあった中小企業の金融事情を紹介している。

それによると、中小企業（100人以下の事業所）のうち「楽である」と回答した事業所はないに等しく、「非常に苦しい」「苦しい」が約6割から7割を占めていた。しかし多くの金融機関は手元資金がなければ貸付に応じなかったため、小規模の事業者は親戚や知人から借りるか、月に約1割という高利で闇金業者から借り入れるしかなかった。当時、広島市内の金融業者は243店あったといわれるが、その内訳は広島銀行協会組合銀行（含日本銀行）の店舗が32か所、相互銀行が4か所、信用金庫が13か所、信用組合が3か所、そして広島財務局届出高利金融業者が33か所であり、残りの158は闇金業者であった。

こうしたなか、中小企業者や一般勤労大衆の金融難を打開するために設立したのが広島市信用組合であった。初代組合長の寺田豊は広島市出身で、戦前はハワイに渡り食料雑貨を商い、帰国後は丸三ゴム（現・㈱ミカサ）にてゴム製造に従事していた。戦後の復興期には広島市議会議長、広島県議会商工常任委員長などを歴任した。かかる経験や広島中小工業協同組合理事長の経験と温厚篤実な人柄が見込まれ、組合長に推されたのである。専務理事には三菱銀行、広島銀行集会所常務理事などを経て、昭和25年には広島中小工業協同組合の専務理事を務めていた今井稔（2代目理事長）が就任した。設立間もない信用組合が軌道に乗ったのはこの両名の二人三脚に負うところが大きい。「広島から高利貸しをなくすることが、我々の仕事である」が、今井専務の口癖であったという。

広島市信用組合は現在、預金と貸出に特化するシンプルな経営で高い評価を得ており、信用組合業界で唯一、日本格付研究所から「Aフラット」の格付けを取得している。

離島の日本復帰を支えた信用組合
――奄美信用組合の事例

南西諸島に位置する奄美の戦後は昭和28（1953）年に入ってからである。それ以前は、米軍政府および米国民政府のもとで統治されていた。

日本復帰以前は食料を中心に物資が不足した。日本復帰後はインフラ整備により島内に活気が見られるようになったが、零細な商工業者は依然として金融逼迫《ひっぱく》にあった。こうした事情から信用組合の設立が検討されたが、組合員200名、出資金300万円以上というハードルは高く、ようやく昭和31年3月、組合員466名、出資金405万円を達成し、瀬戸内信用組合（現・奄美信用組合）を設立した。島民は信用組合設立を待ちわびており、2年目には隣接の宇検村《うけんそん》から出店の強い要請を受けている。

当時、奄美大島はしばしば大火に見舞われた。昭和33年12月には古仁屋地区一面が灰になる大火を招き1628棟を焼失した。この時ただちに同組合は、出資金や預かり金の払い戻しにいつでも応じること、貸付金の返済は3か月の猶予期間を与えることを告知し、さらに国民金融公庫に政府資金の援助を要請し、3000万円もの巨額融資を受けている。大火後には預金増強や、罹災当日以前の貸付金は利息を免除すること、罹災者に対する貸付金は金利を引き下げることなど被災者への支援を打ち出した。こうした迅速かつ被災者の立場に立った対応が島民への信頼へとつながり、昭和37年5月、瀬戸内町から奄美の信用組合へと飛躍する。

むすびにかえて

筆者は日本経済史を教える時、大企業の成長を紹介することが多い。学生の多くが知りたいのは、ソニーであり、トヨタであり、ホンダである。世界の市場を席巻する大企業は日本の企業の代名詞である。しかし、実は日本経済の本質は、企業の大多数を占める中小企業である。中小企業が元気であればこそ、大企業も世界で活躍できるのだ。

また、積極的に新たな企業を起こそうとする起業家精神があればこそである。そう、ソニーもホンダも町工場から始まった。

戦後直後の経済の揺籃期に地域経済を下支えした信用組合は、重要な役割を果たした。かかる相互扶助に基づく組織はこれからも必要とされていくだろう。

〈参考資料〉

『警信50年のあゆみ』、『大阪府医師信用組合50年のあゆみ』、『札幌中央信用組合創立60周年記念誌』、
『広島市信用組合40年史』、『奄美信用組合40年史』

おわりに

本書『信用組合のルーツをたどる』は、雑誌『しんくみ』の2016年4月号（『しんくみ』第63巻第4号）から2017年3月号（『しんくみ』第64巻第3号）の一年間連載したものを活字化したものです。

私の専門は日本経済史ですが、信用組合との御縁は研究テーマからではありません。広島市信用組合の山本明弘理事長との出会いからです。もう8年前のことです。前任校の広島修道大学に在職していた時、寄付講座をしていただいたのが始まりです。広島修道大学にとって広島市信用組合は地元の身近な金融機関として就職希望者も多く、実際、多くの学生を採用していただいておりました。リーマンショックで内定取り消しになり途方に暮れていた学生にも声を掛けていただきました。寄付講座では、山本理事長の講義を聴講しようと大教室が満席になるほどでした。大教室にも関わらずマイクを使わず、「私にとって融資こそがロマンである」「信用組合に一生を捧げる」と、紹介する山本理事長の講演には、迫力があり、毎年多くの学生が魅了されました。

勤務先を青山学院大学に移し、多くの中小企業の社長とお話しした時のことです。ちょうど、金融緩和が推進され、大手銀行は積極的に中小企業にまで融資を進めていました。某大手銀行の営業の方が「融資したい」と、訪ねに来たそうです。この会社は無借金経営なので、融資を受ける必要は無いのですが、「貴銀行は私の会社のことをどれだけ知っているのか」と尋ねました。そうしたら、「いや、何も」と、何も答えられず帰って行ったそうです。中小企業だからこそ、お互いがわかり合い、日参してくれる金融機関と付き合いたいと考えるのでしょう。

金融の基本は、借り手と貸し手の情報の非対称性をどれだけ埋めるかにかかっています。そのキーワードが信用です。私たちも、仕事をしないで信用を得ることはできないし、仕事をせずに、信用するように言う方が無理です。一生懸命仕事をし、実績を積むことで初めて信用を得ることができるのです。

人工頭脳やロボットの時代がもうすぐそこまで来ています。近い将来、融資の審査などもＡＩがするようになるそうです。「ＡＩの方が私情を挟まず、客観的に評価できる」から良いのだそうです。とても合理的な考えです。だけど、そんな時代になるからこそ、他方で対人信用の意味が大きくなるのだと思います。画一化が進む一方で個性や独創性は注目されることでしょう。そのためには目利き力が求められます。「熱心」「情熱」「直感」などは重要な判断材料になるでしょう。もちろん、リスクもあります。だけど、お金は人間の営みを豊かにするためにあるのであって、人間の営みを拘束するためにあるわけではありません。杓子定規な判断とは別の基準にある「やりたいの実現」を一緒になって応援すること、喜びを分かち合える精神を持ち続けることが、これからの信用組合なのではないでしょうか。

本書は残念ながら「これからの信用組合をどうすればよいのか」を具体的に明示する著書ではありません。マニュアル本でもありません。むしろ「信用組合とは何か」「何が信用組合なのか」という信用組合の理念を探るものです。野球を例にたとえると、守備練習やバッティング練習とは別の次元の、王貞治選手やベーブルースなどの活躍やチームワークの大切さを知ることになるのではないでしょうか。たとえ彼らの活躍を知っても、彼らのように野球が上手になるわけではありません。送りバントの大切さを知ったとしても、バントが上手になるわけではありません。同じように信用組合の理念をいくら勉強したからと言って、経営を好転させるわけではありません。しかし、このことを知ることで信用組合の立ち位置を確認できると思います。道に迷い込んだとき、不動な立場で行動することができるのだと思います。

人類は競争し、お互いが高め合い、傷つけあう存在であるけれど、同時に助け合わなければ生きてゆくことはできません。その後者の精神の源は相互扶助であり、そこから生まれて今日に至るのが信用組合であるということを忘れないで欲しいと思います。

寄付講座については、青山学院大学に異動した後も全国信用組合中央協会のご支援をいただき、私の講義を利用してゲストスピーカーとして講義していただいています。毎年講師は変わりますが、熱心に講義をしていただき学生たちも聞いてくれています。また、真岡信用組合、都留信用組合、青和信用組合などを訪問し、多くのことを教えていただきました。なかなか論文を書くには至りませんが、多様な信用組合に接することで、地域の街づくりの黒子として信用組合は重要な役割を担っていることを感じることができました。今後も少しずつですが信用組合のあり方について研究を進めていきたいと思います。

最後になりますが、まずは本書刊行に先立つ『しんくみ』連載に際し、全国信用組合中央協会の皆さんには深甚なるご支援を賜りました。また、出版環境が悪い中、刊行していただいた、株式会社すいれん舎に心より感謝申し上げます。

二〇一七年十二月

落合功

落合 功（おちあい こう）
1966年1月生まれ。
2013年4月～青山学院大学経済学部教授（講義科目日本経済史）。
学位 博士（史学）
【著 書】
『入門事例でみる江戸時代』（2006年9月、すいれん舎）
『概説 日本政治経済史』（2009年9月、学文社）
『「徳川の平和」を考える』（2015年11月、日本経済評論社）
『新版入門 日本金融史』（2016年5月、日本経済評論社）

著者紹介

信用組合のルーツをたどる

2018年2月28日第1刷発行
2018年9月11日第2刷発行

著 者 落合 功
発行者 高橋雅人
発行所 株式会社 すいれん舎
〒101-0052
東京都千代田区神田小川町 3-14-3-601
電話 03-5259-6060 FAX03-5259-6070
e-mail masato@suirensha.jp
印刷・製本 モリモト印刷株式会社

ISBN978-4-86369-531-3 Printed In Japan